市场调控背景下金融市场发展研究

刘洋 著

北京工业大学出版社

图书在版编目(CIP)数据

市场调控背景下金融市场发展研究 / 刘洋著. — 北京：北京工业大学出版社,2021.10重印
ISBN 978-7-5639-6486-4

Ⅰ.①市… Ⅱ.①刘… Ⅲ.①金融市场－研究－中国 Ⅳ.①F832.5

中国版本图书馆 CIP 数据核字 (2019) 第 019488 号

市场调控背景下金融市场发展研究

著　　者：刘　洋
责任编辑：刘子阳
封面设计：点墨轩阁
出版发行：北京工业大学出版社
　　　　　（北京市朝阳区平乐园 100 号　邮编：100124）
　　　　　010-67391722（传真）　bgdcbs@sina.com
经销单位：全国各地新华书店
承印单位：三河市元兴印务有限公司
开　　本：850 毫米 ×1168 毫米　1/32
印　　张：5
字　　数：108 千字
版　　次：2021 年 10 月第 1 版
印　　次：2021 年 10 月第 2 次印刷
标准书号：ISBN 978-7-5639-6486-4
定　　价：35.00 元

版权所有　翻印必究
(如发现印装质量问题,请寄本社发行部调换 010-67391106)

前　言

　　经济的高速发展和制度的全面变迁，导致金融风险的种类、性质、分布及传导机制频繁变动，金融资产的证券化、金融工具的复杂化和多样化、金融机构与产业的集中化、金融活动的全球化、信息化和网络化正在改变金融系统风险的性质。金融系统越来越向着多层次、多目标的方向迈进，多层次导致金融系统结构愈发复杂，而各个目标之间又存在着矛盾，使得金融系统难以很好地协调，金融机构、区域经济之间逐渐增强的关联性，给系统性金融风险的积累和发生埋下了隐患。

　　我国金融风险与财政风险具有高度相关性，且呈现出相互转化、彼此影响、彼此推进的趋势。政府负债过多，会把政府债务危机通过货币转化成金融风险，而政府作为金融风险的"托底者"，不得不为金融风险"买单"，这样金融风险又会转化成财政风险。在防范和化解风险面前，财政和货币都有着各自的职能、手段以及作用方式，又都存在着一定的优劣势和局限性。在地方政府债务危机高度膨胀和系统性金融风险不断累积的状况下，为有效化解财政金融风险，防止两者相互转化和彼此恶化，需要从金融与财政联动共生的视角来加强防范。

　　2012～2016年连续5年的中央经济工作会议都强调要高度重视财政金融领域存在的风险隐患，坚决守住不发生系统性和区域性金融风险的底线；2017年4月习近平在中共中央政治局第40次集体学习时强调：金融活，经济活，金融稳，经济稳，做好金融工作，维护金融安全。因此，理论界应该认真梳理供给侧结构性改革背景下系统性金融风险的发生逻辑，客观评估我国发生系统性金融风险的可能性，研究消除金融隐患和降低系统性金融风险，发生概率的政策措施。这些工作在当前显得尤为重要。

  本书从系统性金融风险以及财政政策和货币政策出发，对目前市场调控背景下金融市场的发展进行了较为深入且全面的剖析，编写力求内容完整，深入浅出。全书共分为五章，其主要内容有：系统性金融风险；系统性金融风险的形成与累积；财政政策和货币政策；系统性金融风险的防范；供给侧结构性改革背景下系统性金融风险。

  由于作者水平有限，加上撰写时间仓促，书中不妥之处在所难免，敬请读者批评指正。

作者
2018年3月

目 录

第一章 系统性金融风险 1
 第一节 系统性金融风险的概念 4
 第二节 系统性金融风险的生成与传染 11
 第三节 我国系统性金融风险的现状 20

第二章 系统性金融风险的形成与累积 27
 第一节 系统性金融风险的相关概念 29
 第二节 金融脆弱性与系统性金融风险的形成 33
 第三节 金融失衡与系统性金融风险的累积 37

第三章 财政政策和货币政策 49
 第一节 财政政策及其效果 51
 第二节 货币政策 61
 第三节 财政与货币政策的混合 65
 第四节 宏观调控下的财政政策和货币政策的关系 71

第四章 系统性金融风险的防范 77
 第一节 防范风险的货币政策 79
 第二节 防范风险的财政政策 84
 第三节 防范风险的宏观审慎政策 89
 第四节 金融与财政联动防范风险 93

第五节 新常态下系统性金融风险防范 97

第六节 宏观调控中的系统性金融风险防范 99

第五章 供给侧结构性改革背景下系统性金融风险 109

第一节 供给侧结构性改革背景 111

第二节 供给侧结构性改革背景下系统性金融风险的成因 113

第三节 供给侧结构性改革背景下系统性金融风险测度 116

第四节 供给侧结构性改革背景下加强金融监管力度的建议 123

第五节 供给侧结构性改革背景下系统性金融风险的防控对策 125

第六节 加快建立现代化经济体系 128

参考文献 141

第一章

系统性金融风险

对单个金融机构来说,金融风险管理日益受到重视,金融风险管理技术也不断创新、丰富,金融机构基本上可以根据自己的风险偏好选择风险管理技术将风险转移或控制在一定范围之内。然而,对单个金融机构来说,可以降低风险的技术却不一定能降低金融体系的系统性风险,有时甚至会增加金融系统性风险。比如金融衍生工具,对个体金融机构来说,它们是金融风险管理的工具,但它们在某些情况下的运用,如以投机为目的的金融衍生工具的交易,却使金融系统性风险增加了。所以,金融系统性风险与单个金融机构的金融风险既相互联系又有区别,金融系统性风险是单个金融机构对其他金融机构的风险溢出。金融系统性风险在累积到一定程度后,容易演变成对金融体系和实体经济具有创伤力的金融危机。

Bordo 等人(2001)的研究表明,金融危机发生的频率与影响范围在 1880~1997 期间呈不断上升与扩大的趋势。这说明金融系统性风险正日益增加并对金融体系和金融机构产生重要的影响,而且这种影响已经引起世界各国和一些国际组织的担心与重视。例如,1999 年 4 月,七国集团成立了一个新的国际监管组织——"金融稳定论坛"(Financial Stability Forum,简称 FSF),FSF 的目标是:"对系统性风险的来源有较好的理解,以确保制定最佳的国际金融规则和标准,确保这些国际规则的连续性;并且,使金融信息在对金融稳定负有责任的各监管当局之间不断流动"。

尽管金融系统性危机日益频繁的爆发及其传染性的日益增

强，使金融系统性风险的存在已经得到重视，但对系统性风险的研究还处于一个较为散乱的阶段：大部分的研究只着眼于某一个子系统风险，可谓"管中窥豹，只见一斑"，或者只局限于对金融系统性危机的探讨，而对金融系统性风险的概念、特征、分类及产生的原因、风险防范机制等还没有形成一个全面的认识。

第一节 系统性金融风险的概念

一、金融系统性风险的界定

(一) 金融体系与金融系统性风险

金融体系是指由以资金为经营对象的，相互联系、相互作用的金融中介机构银行、保险公司、基金等和各种金融市场广义的金融市场构成的，以资金支付与融通为基本功能的有机体。运行良好的金融体系对于提高经济运行效率以及经济的健康运行是非常关键的。按照融资方式和渠道划分，金融体系可划分为直接融资体系与间接融资体系。直接融资体系主要是金融市场，狭义的金融市场体系包括货币市场、股权市场和债权市场；间接融资体系主要包括银行体系。一国金融体系的具体结构由该国经济金融发展的历史和法律制度决定。

金融系统性风险是指经济冲击引起某一家或一部分金融机构的损失，这种损失在金融系统内迅速传导，并引起金融系统的功能遭受部分或全部损害的可能性，是一种全局性风险。冲击与传染是系统性风险的两个必要条件。金融系统性风险与系统风险虽然都属于金融风险范畴，但却是两个不同的概念。金融系统性风险是系统性金融危机的潜伏状态，是宏观金融安全的威胁所在。

(二) 风险、系统性风险与系统风险

在许多文献中，人们都把风险等同于不确定性。事实上，它们是有严格区别的两个概念。对于一个微观经济主体来说，风险微观风险或个别风险是它的预期收入遭受损失的可能性，而不确定则是预知或控制某种不愉快事件发生的不可能性。从统计学角度看，不确定性是表现为随机事件，它的出现一般具有偶发、突然等特点，而风险常与收益相伴而生。用概率论的语言说，投资者的风险就是概率分布中特定的货币收益值与代表投资者预期的中值的背离程度。金融风险是风险的一个子集，它指的是与金融活动相关的风险。对金融机构来说，金融风险指的是金融机构的实际收益与其预期收益相背离的概率。

金融风险按其性质分为系统风险或称不可避免风险和非系统风险或称可分散风险。前者指由于某种全局性因素引起的投资收益下降的可能性，市场中所有证券资产的收益都会受到这些因素的影响，如利率风险、汇率风险和政治风险等都属于这类风险。这类风险无法通过投资多样化分散或消除，但可以运用期权期货等金融衍生工具进行对冲管理。后者指由于个别资产本身的各种因素造成的收益不稳定性，如破产风险、违约风险、经营风险、操作风险等都属于这类风险。这类风险可以通过分散化投资来降低或消除。按照影响范围来分，金融风险还可以分为系统性金融风险 (systemic risk) 和非系统性风险 (UnsystematicRisk)，前者指的是整个金融体系遭受损失的可能性；后者是个别金融机构遭受损失的可能性。个别金融风险是传统的风险管理所关注的风险,而系统性金融风险是在二十世纪八十年代以来金融系统性危机频繁爆发之后日渐为人们(特别是监管者)所重视的金融风险。

在金融体系中,系统性风险和系统风险是有着不同内涵,却极易被人混为一谈的两个概念。尽管金融系统性风险的尚未有一个标准的定义,但是目前所达成的共识是:系统性风险是金融体系瓦解或整个金融体系遭受损失的可能性,即系统性风险是作用于整个金融体系的风险,是一种全局性风险,与个别金融机构风险相对应。而系统风险是指由于某种全局性因素引起的投资收益下降的可能性,市场中所有证券资产的收益都会受到这些因素的影响,如利率风险、汇率风险和政治风险都属于这类风险。这类风险无法通过投资多样化分散或消除,但可以运用期权期货等金融衍生工具进行对冲管理,又称不可分散风险,与非系统风险或称可分散风险相对应,作用于单个金融机构或某一资产组合。

(三)金融系统性风险、金融危机与金融安全

所谓金融危机,目前学术界对其尚没有一个统一的定义,但纵观与金融危机相关的文献,米什金(1992)给金融危机所下的定义具有一定的代表性。他认为:金融危机是一种对金融市场的扰乱,它使金融市场中逆向选择和道德风险问题变得更为严重,从而使金融市场无法有效地将资金投向那些最有生产力的投资机会。金融危机的结果是使金融市场功能失效,进而导致经济急剧紧缩。该定义实质上是从金融功能论的角度概括了金融危机的本质——使金融体系的基本功能遭受破坏。金融危机是金融系统性风险累积到一定程度后,在一个或几个负面经济金融冲击下的集中爆发。按照金融危机发生的范围划分,可分为银行危机、货币危机、债务危机、双危机(银行体系和货币体系同时发生危机)和

全面的金融危机(金融体系整体受到破坏)，其中全面的金融危机发生的概率极小。

金融危机是金融系统性风险的极端状态，即金融系统性风险累积并超越一定范围的集中爆发。由于经济的周期性、金融内在脆弱性等因素的存在，金融系统性风险是金融体系常存的风险。在金融系统性风险程度较低、尚可控制范围之内时，金融体系处于安全状态。当金融系统性风险处累积到一定程度时，一个或几个负面的经济冲击，会导致金融部门出现一系列问题，这些问题可能在经济各部门对其进行动态反应过程中不断恶化，最终演变成一场金融系统性危机。范小云（2006）将这个过程分为五个具有逻辑关系的阶段；隐患阶段，即金融系统性风险逐渐累积，经济金融领域出现易受冲击影响的脆弱性因素的阶段；突变阶段，即发生冲击，形成局部损失，风险加大，利率上升阶段；金融部门传染阶段，即流动性问题在金融部门间广泛传染阶段；非金融部门行为调整阶段，即私人部门和公共部门对金融领域流动性问题做出反应，又反过来使金融部门的问题进一步发展阶段；最后是危机全面爆发阶段，即各机构、各市场相互影响，对整个经济活动造成负面影响，系统性金融危机全面爆发阶段。

金融危机是金融系统性风险发展到一定的临界值的状态。所以，了解金融系统性风险的生成机制，并寻找恰当的控制方法是预防金融危机爆发，确保金融安全运行的有效途径而建立金融系统性风险监测指标体系，并建立金融危机预警机制也是防范金融危机的有效方法。

二、金融系统性风险的特征

金融风险防范的前提是要识别金融风险，金融系统性风险的识别可以通过两个途径：一是特征识别，即根据金融风险的特征判别其是个别风险或局部风险还是系统性风险；二是过程分析，过程分析主要考察金融风险发生的过程，分析其是否存在传染性以及不同传染渠道，是对特征识别的细化分析。所以，识别金融系统性风险的关键是了解金融系统性风险的特征。有学者总结"系统性风险的特征是将其概括为"外部性"特征、风险与收益的不对称性特征、传染性特征、损害实体经济的特征和与投资者信心有关五大特征"。此外，金融系统性风险还表现出其他的特征，比如金融系统性风险的大小与金融体系的结构相关。对于金融系统性风险的特征，不同的人，由于思考的角度不一样，会有不同的描述。从系统性风险防范的角度思考，本书认为，金融系统性风险最核心的特征主要包括以下五个方面：

1. "负外部性"特征。"外部性"特征被视为系统性风险的最基本特征。"外部性"是经济学的术语，分为"正的外部性"与"负的外部性"两种。前者指的是个人生产者或消费者的一项经济活动会给社会上其他成员带来好处，但他自己却不能由此而得到补偿。后者指的是某个人生产者或消费者的一项经济活动会给社会上其他成员带来危害，但他自己却并不为此而支付足够抵偿这种危害的成本，即个人为其活动所付出的私人成本小于该活动所造成的社会成本。系统性金融风险"负外部性"特征指的是系统性金融风险，就是某一金融机构的市场行为所带来的负的外部性的累积，是个体金融机构或其行为的风险溢出。在金融系统崩溃之前，单个金融机构并不为这种风险付出任何代价；但是，当金融系统崩溃之后，每个金融机构都将付出代价。因此，系统性金融风险防范就是要将金融市场参与者的风险溢出内部化。

2. 累积性特征。系统性金融风险的累积性可体现在单个金融机构和整个金融体系两个方面。从单个金融机构来说，系统性金融风险的累积性指的是其他金融机构或市场的风险外溢能够通过各种途径累积到该金融机构，直到该金融机构倒闭。以银行体系为例，第一轮：A银行的倒闭直接影响到B、C、D、E银行，并使得B银行出现支付困难；第二轮：B银行的支付困难又影响到C、D、E银行，并使C银行破产；第三轮：C银行的破产又影响到D、E银行……每一轮银行破产的风险外溢都将累积到其他相关银行。从整个金融体系来说，系统性金融风险的累积性指的是在系统崩溃之前系统性风险随着单个金融机构的风险暴露的增加及金融结构的变化而累积，当风险累积到一定程度后就将发生金融系统性危机或损失。

3. 传染性特征，也称风险的扩散性。其具体指金融系统性风险会通过各种渠道从一个金融机构传染到另一个金融机构，或者从一个金融体系传染到另一个金融体系，它是金融系统性风险的外部性特征的传递。金融系统性风险的传染性是其最主要，也是其对金融体系与经济体系最具破坏力的特征。金融系统性风险的防范主要应从切断其传播途径方面着手。

4. 与金融体系的结构相关。金融体系的结构包括金融业市场结构、业务结构和监管体制等。有实证研究表明：混业经营相对于分业经营的金融体系，其金融系统性风险更大；完全的市场结构的银行体系系统性风险发生的概率小，非完全的市场结构银行体系系统性风险发生的概率较大；货币中央银行制银行体系基本不会发生系统性风险。

5. 与投资者的信心有关。金融系统性风险的传染在很多情况下与投资者的信心直接相关。例如，在银行挤兑造成的系统性危机中，存款者信心的丧失是主要原因，一家银行出现支付困难致使其他健康状况良好的银行客户提前支取存款，导致所有银行出现支付困难。而金融市场系统性风险扩散的主要原因之一也是投资者信心，投资者信心的丧失使投资者集中抛售手中的资产，致使资产价格暴跌，市场流动性不足。所以，防范金融系统性风险关键之一是要稳定投资者信心。

三、金融系统性风险的分类

金融系统性风险是一种全局性风险，但从其产生和影响的范围角度还是可以将它区分为几种不同的金融子系统性风险。银行和金融市场是两个互补性的金融子系统，银行属于间接金融体系，金融市场属于直接金融体系。依此，金融系统性风险可分为银行系统性风险和金融市场系统性风险，这也是目前人们比较习惯的金融系统性风险的分类方法。具体来说，银行系统性风险，指的是由于外部冲击引起一家银行的破产，进而导致一连串银行倒闭的可能性。金融市场系统性风险，指的是由于经济或金融冲击使金融市场的某一或某些参与者破产，引起金融市场上资产价格急剧下降，各种金融工具的流动性突然"枯竭"，资本成本大幅上长，金融市场的融资功能遭到破坏的可能性。此外，从金融系统性风险累积爆发的结果即金融危机的分类来看，可分为银行系统性危机、货币危机、股市与房地产市场危机、债务危机四类。

第二节 系统性金融风险的生成与传染

一、金融系统性风险产生的原因

(一) 银行系统性风险产生的原因

冲击与冲击的传导也称传染，是金融系统性风险的两个必要条件。冲击是随机发生的，冲击的传导则与系统相关，银行系统为什么容易产生系统性风险，换句话说，冲击容易在银行体系传导的主要原因是什么。总结起来，主要有以下三点：

1. 银行体系的脆弱性。银行体系的脆弱性主要表现在两个方面，即银行体系的高负债和银行与客户之间的信息不对称。银行体系通过将短期负债转换为长期资产而盈利，其高负债经营的特点使银行体系具有内在的脆弱性。当银行贷款对象即企业出现问题时会形成银行的不良资产，当问题企业造成的不良资产超过银行资本时，银行将因资不抵债而倒闭。银行与存款人之间的信息不对称容易引发存款人的"羊群效应"，并形成挤兑风险；而银行与贷款人之间的信息不对称，容易使银行错误地发放贷款，形成不良资产。

2. 银行风险的亲经济周期性。银行风险的亲经济周期性最主要体现在银行的主要资产即贷款，受经济周期影响较大。当经济处于上行阶段时，企业效益较好，银行贷款违约率低，贷款风险较小，银行倾向于降低贷款利率，大量发放贷款。当经济转向下行阶段时，企业容易陷入困境，贷款违约率上升，银行贷款风险增加。所以，在经济过热之后转向下滑的拐点时期较为容易发生银行系统性危机。

3. 银行体系复杂的支付网络。单个银行的风险容易在银行体系内传导的一个重要原因是，银行体系存在一个复杂的支付网络体系。在这个网络体系中，银行之间相互持有头寸，相互之间拥有频繁的业务往来，这些支付清算网络很容易将单个银行的损失向全部银行体系扩散。

（二）金融市场系统性风险产生的原因

1998年长期资本管理公司（LTCM）倒闭的案例有助于说明金融市场系统性风险存在的可能性及其产生的原因。尽管LTCM本身从事于分散化对冲投资策略，1998年8月，由俄罗斯政府债券违约事件触发的债券价格在短期内非理性下跌引起LTCM亏损数亿美元，并濒临破产。美联储理事会担心LTCM的倒闭会给世界金融市场带来信心危机："如果LTCM突然破产，那么它的衍生金融工具的交易对手将立即抛售他们的头寸。如果这些交易对手能以现在的市场价格抛售他们手中的头寸，则他们的损失如果有的话也将很小。然而，如果所有的公司同时抛售数亿美元的头寸，则他们将无法抛售出去或无法以合理的价格抛售出去。市场将迅速变化，损失将不断扩大。……进一步来说，市场变化的结果是：许多的信贷和利率市场将一天、几天甚至更长时间内停止发挥市场功能。这将引发恶性循环：投资者信心丧失，私人信贷出逃，信用利差扩大，导致更多的资产变现压力，如此往复。"为避免上述情况的发生而提高资本的成本，美联储主动介入LTCM债务的清算。LTCM的案例说明：

1. 金融市场系统性风险产生的直接原因在于金融工具流动性的突然枯竭。现代金融市场风险管理技术是建立在金融市场能够正常运转，金融工具拥有正常的流动性之假设基础之上的，一旦金融工具的交易缺乏对手，或者不能以公平价格出售，则原有的金融风险管理技术将失效，金融市场参与者的风险暴露增加，甚至直接遭受损失。

2. 金融市场系统性风险产生的深层原因是金融市场参与者，尤其是市场份额较大的市场参与者无限制地追求高风险高收益的投资策略使其风险暴露规模过大。

二、金融系统性风险的生成机制

金融系统性风险的产生是一个动态过程，是一项负面冲击在金融体系各金融机构与金融市场及非金融体系之间不断传导与反馈的过程。金融系统性风险的生成过程实际上是金融风险在金融体系不断累积和扩散的过程。

(一) 银行系统性风险生成机制

银行风险暴露的相关性是银行系统性风险生成的一个重要机制。当大部分或所有银行的资产负债结构相似时，其风险暴露具有高度相关性。这样，当面临同一负面经济或金融冲击时，将直接形成金融系统性风险，导致多家或所有银行发生财务危机或倒闭。

业务传染是银行系统性风险生成的另一个重要机制。当一家银行由于经营不善或外部冲击出现流动性危机或资不抵债时，其风险将通过银行间业务传染到另一家或几家银行，再由另一家或几家银行向更多的银行传染，最终形成银行系统性危机。Allen 和 Gale (2000) 曾分析了三种银行之间市场结构下银行系统性危机发生概率的差异，得出的结论为：完全市场结构下银行系统性危机发生的概率小，非完全市场结构下银行系统性危机发生的概率较大；货币中央银行制市场结构下基本不发生银行系统性危机。

支付清算系统传染形成银行系统性风险的机制。银行间支付系统主要有三种清算方式：净额清算、全额清算和代理行清算方式。净额清算指一段时间集中清算，以轧差后的余额为清算额的清算方式。全额清算即支付系统对各金融机构的每一笔交易进行一一对应结算，而不是在指定时点进行总的借、贷方净额结算。按结算发生时间的不同，全额清算又分为定时清算和实时清算两种。前者指支付清算集中在营业日系统运行期间的一个指定时刻，如这一时文为日终，则称为日终清算；后者指支付清算在营业日系统运行期间的任何时刻都可进行，支付指令随时发送随时处理，属于资金转账指令处理和资金清算同步、持续进行的实时全额清算。

代理行清算指通过代理银行实现与其银行进行业务结算的清算方式，一般来说，这是不同国家的银行之间较为常见清算方式。Diamond 和 Dybvig（1983）最早提出了研究支付清算系统的系统性风险的三阶段模型，Bhattacharya 和 Gale（1999）进一步发展了该模型，将银行间市场加入模型当中；之后，Sujit Chakravorti（1996）又在 Bhattacharya 和 Gale（1999）的模型基础上提出了四阶段模型。三阶段和四阶段模型阐述的支付清算系统传染形成银行系统性风险的机制是：当支付系统中存在着类似 CHIPS 的 ASO 协议时（即当一家银行倒闭时，剩余银行必须偿付倒闭银行的债务），单个银行发生支付困难，必然会对其他银行的可用资金产生负面影响，减少银行间市场信贷资金的供给数量，这必然会使银行间信贷市场出现供求缺口。其中资产状况差的银行会因为得不到银行间信贷支持而发生流动性危机直至倒闭，随着银行倒闭数量的增加，银行间的信贷需求会下降。当银行间信贷资金的供求相等时，若银行倒闭不再蔓延，此时，银行支付清算系统仍然维持正常运行，当银行倒闭数量超过一定数量标准时，银行支付清算系统将崩溃，银行系统性危机爆发。

信息不对称条件下银行系统性风险的生成机制。Chen(1999)对信息不对称条件下银行系统性风险的生成机制做了较为全面的论述：银行间不存在存款联系时，不同银行的收益存在相关性，单个银行的倒闭会改变投资者对其他银行存续能力的预期，每家银行的存款人中部分能得到银行投资风险资产的收益状况的完全信息，当部分银行的风险资产发出负信号时，得到信号的存款人必然去银行挤兑，从而导致这些银行倒闭。其他银行的存款人在得到倒闭银行所发出的噪音信号时，出于对资产安全的忧虑，就会在没有收到自己银行风险资产信号的情况下去挤兑银行，这将引发健康银行的倒闭。

(二) 金融市场系统性风险生成机制

金融市场系统性风险的表现是金融市场资产价格崩溃或金融市场流动性短缺。信息不完全下的羊群效应、交易者风险暴露的传染效应和投机攻击是金融系统性风险生成的主要机制。

信息不完全下的羊群效应。羊群效应指的是人们经常受到多数人的影响，跟从大众的思想或行为，也称为"从众效应"。金融市场的羊群效应是指投资者进行投资时，由于多掌握的信息不完整，通常采取观察到的其他投资者所采取的行动。Lux(2006)建立了一个噪音交易者之间的传染模型来描述羊群行为下的动态过程，解释了金融市场价格过度波动的原因。该模型通过投资者交易行为的变化来描述市场供求状况，而供求状况影响价格的变化,投资者的"羊群行为"加速了股市泡沫的形成与破灭。

交易者风险暴露的传染效应。Lagunoff 和 Schreft(1998)讨论了通过交易者风险暴露的传染效应导致金融市场系统性风险的生成机制。在他们的模型中,投资者在第 0 期将他们的现金投入一个由许多风险投资项目或资产(比如债券)、组成的投资集合,或者投资于无风险资产或消费。这样,通过共同投资将产生一个直接或间接风险暴露网络。如果投资者没有预见到传染的影响,当一个项目或资产失败(即出现特定冲击)时,则拥有该项目或资产头寸的投资者受到损失,他们将收缩他们的风险资产,改投无风险资产,从而减少风险投资项目或资产的资金来源,进而导致风险资产市场的崩溃,形成金融市场系统性风险。

投机攻击。由投机攻击而形成的金融市场系统性风险主要产生于外汇市场,特别是实行固定汇率制国家的外汇市场。以克鲁格曼(1979)为首的"第一代货币危机模型"阐述了固定汇率制下,一国货币受到投机攻击而形成货币危机的机制。当一国出现不可持续的宏观经济政策时,如固定汇率制和巨额财政赤字同时存在时,投机者将预期该国货币将贬值,并在外汇市场上大量抛售该国货币,当该国的外汇储备枯竭时,该国政府将放弃固定汇率,让货币贬值。此后,第二、第三代货币危机模型又从其他角度阐述了投机攻击形成货币危机的机制。

三、金融系统性风险的传染机制

(一)金融子系统间风险传染机制

银行体系与外汇市场之间的风险传染机制。Kaminsky 和 Reinhart(1998)通过对 76 起货币危机事件和 26 起银行危机事件的实证分析发现：在金融自由化之后，银行危机与货币危机的联系更加紧密了，一般来说，银行危机发生在货币危机之前。他们还发现恶性循环的情况，即货币崩溃进一步恶化已经陷入困境的银行部门的状况。银行体系风险向外汇市场的传染主要通过对实体经济和财政状况的影响而使本国货币贬值，而货币风险主要通过银行资产负债表传递到银行体系。

银行危机可能通过增加经济的财政负担而导致货币危机，处理银行危机的成本，比如对问题银行的流动性援助，由财政负担。因此，银行危机可能导致大规模没有预期到的损失而恶化一国的财政状况。财政状况的快速恶化可能引起财政赤字货币化的预期，进而使货币贬值。而货币危机对银行部门将产生逆向选择效应当银行负债以外币标价时，贬值将突然大幅度增加负债的本币价值，因为银行的贷款往往以本币标价，本币贬值将使银行面临货币错配风险而恶化其资产负债表。

银行体系与资本市场之间的风险传染机制。一般来说，在一个严格的分业经营的金融体系，银行体系与资本市场之间存在防火墙效应，两个子系统之间的风险传染渠道只有实体经济，只要银行体系或资本市场的风险没有严重影响到实体经济发展，两个子系统之间互不影响。但是在混业经营体系下，银行可以参与证券业，一旦股市出现危机，银行将直接发生巨额亏损；同样，当银行出现大量不良贷款等风险时，银行将减少向资本市场的投资，使资本市场出现流动性危机。

外汇市场与资本市场之间的风险传染机制。在一个资本管制严格的经济体，外汇市场与资本市场之间的风险传染渠道主要是实体经济，货币危机将恶化一国对外贸易条件，进而影响该国的经济发展，而资本市场是一国经济的晴雨表，因而间接地受到冲击；相反，资本市场崩溃将通过财富效应、融资效应等机制影响实体经济，使本国企业对外竞争力下降，出口创汇能力下降，外汇储备减少，使外汇市场上本币贬值的可能性增大。在一个金融开放的经济体，外汇市场与资本市场之间的风险传染渠道主要是国际资本流动。当一国货币突然大幅度贬值时，将引起本国资本外逃，在加剧本币贬值的同时，大量减少本国资本市场的资金供给，并可能导致资本市场因流动性不足而崩溃；相反，当一国资本市场突然崩溃时，资本市场投资者为避免更大的损失，也将抽逃资本，进而使本国货币贬值。

（二）金融系统性风险的跨国传染机制

随着各国之间经济依存度的提高，金融系统性风险逐渐表现出在各国之间蔓延的特点，即金融系统性风险具有"传染性"。大量的实证研究表明，随着经济、金融全球化的发展，金融市场的跨国联动性不断增强，并出现联动性金融市场崩溃及共同货币危机。金融系统性风险的跨国传染机制主要有：

1. 多重均衡机制。发生在一国的危机被认为是其他国家的"太阳黑子"。例如，Masson（1997）表明在一国发生的危机如何使投资者的预期一致，对另一国家的预期好的均衡转移到坏的均衡，从而引起第二个经济体的崩溃。Mullain-athan（1998）认为投资者不能完全回忆过去的事件。一国的危机可能引起过去危机的回忆，使得投资者重新计算他们先前的投资（基于如债务违约等变量），并对坏的情况给以更高的概率。结果，由于记忆的相关性（而不是基本面）资产价格将下降。上述两个模型中，好的均衡向坏的均衡的转移和初始冲击的传导，是受投资者预期或信念的改变而不是真实的经济联系的推动。这一分支的理论不仅能解释一连串的危机的发生,而且可以解释为什么投机冲击会发生在一些经济状况良好的经济体。这些理论被认为是危机传染理论是因为第二个市场价格的恶化(相对第一个市场的变化)是在均衡转移之后。换句话说,第一个国家发生危机后,投资者改变了他们的预期,因此将冲击通过在平静期不存在的传播机制传播到其他国家。

2. 政治传染机制。Drazen(1998)研究了1992~1993年的欧洲货币贬值并提出一个模型,假设央行主席迫于政治压力要保持一国的固定汇率,当一国放弃固定汇率制后,将减轻其他国家放弃他们的固定汇率的成本,这将增加其他国家改变汇率制度的可能性。结果,汇率危机将接踵而来,这种冲击传导机制在之前的危机中不曾存在。

3. 内生流动性冲击引起的资产重组机制。Valdes(1996)提出了一个模型,指出一国金融危机可能减少市场参与者的流动性。这将迫使投资者重新组合他们的资产,卖掉其在其他国家的资产以保持流动性,或满足最低要求,或满足监管者的要求。同样地,如果流动性冲击足够大,一国的危机可能增加信贷限制程度,迫使投资者卖掉本没有受初始危机影响的国家的资产。Calvo(1999)提出另一个不同的内生流动性模型。在Calvo的模型中,投资者存在信息不对称。拥有信息的投资者了解一国的基本情况,并受到流动性冲击,这迫使拥有信息的投资者卖掉他们的头寸。不拥有信息的投资者不能区分流动性冲击和坏消息,因此,当拥有信息的投资者为净卖出时他们索取溢价收益。这种机制在平静时期不会发生,而只是发生在初始冲击之后。

4. 贸易机制,通过几大相关效应发生作用。如果一国货币贬值,其直接效应是增加其本国商品的国际竞争力,潜在地增加出口并伤害第二个国家的国内销售。贬值的间接效应是减少其他国家在第三国市场的销售。这两种效应不仅对一国的进出口产生直接冲击，而且，如果竞争中的损失足够大时，它将增加人们对另一国家汇率贬值的期望或导致对另一国货币的攻击。

5. 国家重估或学习机制，这一机制认为投资者会将从某一受过冲击国家的经验教训用在与这个国家有着相似宏观经济结构和政策的国家。例如，当一个拥有脆弱银行体系的国家被发现易受货币危机的影响，投资者将重估其他国家的银行系统的健康程度，并相应调整他们对这些国家发生金融危机的可能性的估计。

6. 政策协同机制，政策协同将经济联系在一起的机制是一国对经济冲击的反应可能迫使其他国家采取相同的政策。例如，贸易协议可能包含这样的条款，一国松的货币政策迫使其他成员国提高贸易壁垒。

7. 共同冲击机制。随机的全球性冲击可能同时影响多个经济体的基本面。例如，国际利率的提高、国际资本供应的减少，或国际需求的下降（例如对商品）可能同时降低数个国家的增长率。被这种总量冲击影响的任一国家的资产价格都将一起波动，因此冲击后，这些受共同冲击的市场之间的联系将增强。

第三节 我国系统性金融风险的现状

一、冲击因素分析

负面的冲击和传染是金融系统性金融危机爆发的两个必要条件，尽管冲击往往是不可预测的，但是，可能带来冲击的风险因素是可以分析的。只有了解并监控这些风险因素，方能防范冲击可能带来的不利影响，控制冲击可能带来的损失。

(一) 汇率冲击

汇率机制改革之后，人民币汇率的波动将是一个常态，这意味着国内的企业、银行及其他金融机构都将面临更大的汇率风险。此外，2005年汇改以来人民币的持续升值将对我国的实体经济发展产生不利冲击。高波，毛中根（2006）指出：汇率失衡及其调整，通过流动性效应、预期效应、财富效应、溢出效应以及信贷扩张或收缩效应等影响房地产价格。国际经验表明，汇率冲击是房地产泡沫演化的一个诱因，但并不必然引发房地产泡沫。事实上，近年来人民币升值预期和人民币升值压力的货币化，加剧了房地产泡沫。但在建立有管理的浮动汇率制度过程中的人民币小幅升值不会诱致房地产泡沫膨胀或崩溃。王中昭（2007）以中国与东盟六国18类产品的产业内贸易的月度面板数据作为分析基础，通过分析汇率与产业内贸易的传导关系、中国与东盟六国产业内贸易特点，并且建立产业内贸易指数与汇率的VAR模型，对我国的汇率对产业内贸易的冲击作用和动态关系做实证分析。研究发现：一是无论是短期或长期，汇率升值对绝大多数初级产品的产业内贸易是不利的，但在短期内它有助于提升大多数工业制品的产业内贸易水平，长期内对工业制品的产业内贸易冲击效应是分化的。二是汇率升值后长期内对不同劳动密集型产品的产业内贸易发展是一样的。三是无论是短期还是长期，初级产品的产业内贸易对汇率冲击的反应相当微弱，工业制品反应相对较强。施建淮（2007）运用向量自回归模型实证考察了人民币实质汇率冲击对中国产出的影响，实证分析表明：

1. 在控制了可能导致人民币实质汇率与中国产出之间伪相关的来源后，人民币实质汇率升值仍会导致中国产出一定程度的下降，因此货币升值在中国确实是紧缩性的，"紧缩性贬值"文献揭示的升值扩张性效应在中国不是支配性的；

2. 一旦考虑了中国经济的国际金融联系，实质汇率冲击对中国产出变动的解释力和影响程度明显变小，而美国利率冲击对中国产出变动有更大的影响，其影响超过了人民币实质汇率冲击的影响。本书进一步分析了实证结果背后的可能原因，并且指出并不能从本书的结论引出中国应该继续维持人民币汇率低估的政策建议。

（二）利率市场化冲击

2000年6月，中国人民银行行长戴相龙宣布，要用3年时间渐渐地实现利率市场化。存贷款利率市场化按照"先外币，后本币；先贷款，后存款；先长期、大额，后短期、小额"的顺序推进。2009年1月初召开的央行2009年年度工作会议明确提出"稳步推进利率市场化改革"。更早前国务院下发的《关于当前金融促进经济发展的若干意见》中，亦表示将"增强贷款利率下浮弹性"。这意味着中资银行近年来依赖高利差的盈利模式将受到严峻挑战，这一利差曾高达3.5%，为世界各国的前列。商业银行对此表示了关注和忧虑。一家大型国有商业银行公司部负责人在接受《财经》记者采访时指出：如果对公贷款利率市场化加速，竞争势必导致银行利差收益进一步缩小，一旦涉及总额达30多万亿元的存量贷款，势必严重冲击银行整体的盈利能力。所以，他认为，利率市场化推进的进程、力度和时间表都是当前商业银行十分关注的内容。商业银行担忧利率市场化进程加快，会造成银行业未来息差缩小，这成为2009年1月信贷激增的动因之一。

(三) 实体经济冲击

改革开放四十年来，我国实体经济一直保持着快速增长的势头。但是，随着我国经济发展的原始动力，如丰富的自然资源和廉价的劳动力，慢慢耗散时，我国的实体经济发展面临更高层次的转型，即由资源耗散型的经济发展方式向节能型经济转变。转型成功与否关系到我国经济的未来增长动力。而实体经济的波动是金融系统性风险的主要来源之一。张屹山（2007）的实证研究表明，1996年后，我国的贷款违约率呈现出与宏观经济景气反向相关的特点。除了经济增长方式的转型风险，近年来，由于全球气候恶化带来的大型自然灾害风险越来越影响实体经济的正常运行，进而对金融体系产生不利冲击。

(四) 国际冲击

随着我国对外开放程度的提高，我国实体经济和金融体系受国际冲击的影响越来越大。我国进出口总额占GDP的比重从2000年的39.58%上升到2006年的66.52%，受美国金融危机的影响之后，这个比重下降到2008年的59.84%。可以看出，目前我国实体经济增长有一半以上受国际贸易的影响。随着我国金融市场对外开放程度的提高，进出我国的国际资本日益频繁，在我国金融市场化改革不断推进的条件下，我国金融市场受国外金融市场影响的程度越来越深。骆振心（2008）的实证研究表明外资进入中国股市后的很长一段时期内，并没有发现中国股市与世界主要股票市场之间存在联动现象；但股权分置改革后，有证据显示中国股市与世界主要股市的联动程度大大增强。所以，无论是从实体经济角度还是从金融市场角度分析，国际冲击都将成为我国金融系统性风险的新来源。

二、我国金融系统性风险的潜在传染性分析

金融系统性风险的潜在传染性指的是金融冲击造成的损失从一个机构向另一个机构扩散的可能性，或者是金融资产价格波动从一个市场向另一个市场传递的可能性。

(一) 实体经济与金融体系之间的风险传染

随着我国经济货币化程度的提高及金融资产规模的扩大，我国实体经济与金融体系之间的风险传染路径日益增加。金融体系是为实体经济服务的部门，金融体系的资产建立在实体经济基础之上，所以，实体经济的损失必然会通过银行资产或金融市场的资产价格传递到金融体系。而金融体系的损失也将通过减少对实体经济的资金支持而损害实体经济的发展。李焰，许宇科（2007）的分析表明，1998~2005年间，我国企业的外源融资存量比平均值为86.16%，大大高于美、日等发达国家，也高于东亚九大经济体的平均水平。这意味着我国实体经济的负债率较高，也意味我国实体经济对金融体系的资金依赖程度很高，还意味着我国实体经济与金融体系之间的风险传染可能性很高。

(二) 银行体系与金融市场之间的风险传染

虽然当前我国依然是分业经营分业监管的金融体系，但是，金融对外开放之后，我国的金融业实际上已经在向混业经营方向发展。首先，金融业的跨行业并购产生了一批横跨银行、保险和证券业的金融集团公司，比如中信集团、平安保险集团、光大集团等金融集团。其次，银行、保险和证券公司在业务上已经建立多种合作渠道，比如一些银证业务的开发、银保产品的出现都在

加强三个金融子行业之间的联系。金融混业经营趋势使得我国银行与证券市场之间的分业防火墙日益失去"防火"作用，它们之间的风险传染可能性日益增大。

(三) 金融子市场之间的风险传染

我国金融子市场包括以银行间同业拆借市场为主的货币市场、以债券市场和股票市场为主的资本市场、以及外汇市场。到目前为止，我国银行间同业拆借市场参与主体已扩大到几乎包括了所有类型的金融机构，具体有：商业银行、政策性银行、企业集团财务公司、基金管理公司、证券公司、信托公司、城乡信用联社、金融租赁公司。货币市场参与主体的扩大使货币市场与资本市场之间的联系进一步加深，两市场之间的风险传染渠道在利率渠道基础上增加了金融机构渠道。随着我国金融市场开放程度的提高，国际金融机构参与我国金融市场程度的提高，国际金融机构带来的国际资本流动使得我国外汇市场与国内货币市场和资本市场之间的联系也日益加深。这种联系的加深将增加金融子系统之间的风险传染。

加入世贸组织以来，我国对外开放程度快速提高，尤其是年后中国金融业全面对外开放，这使我国受国际冲击传染的可能性也越来越大。而且，由于国际性金融机构的大量入境，银行与金融市场之间的通道增加，我国分业经营体制的防火墙效果将减弱。

但同时，我国经济结构正在不断优化，及区域经济呈阶梯化发展趋势，这使得我国经济对外部冲击的弹性增强。此外，在金融业市场化改革与开放过程中，金融机构的公司治理机制在不断改善，多层次的金融市场逐渐形成，我国金融监管的技术水平在不断提高，监管制度也在不断完善，这些都将提高我国金融体系的弹性。这意味着：我国经济金融部门对冲击的化解能力提高，一般性冲击在实体经济、银行体系和金融市场之间的传染可能性降低。

第二章

系统性金融风险的形成与累积

第一节　系统性金融风险的相关概念

一、系统性金融风险的定义

(一) 系统性风险

2008年金融危机爆发之后，风险的"系统性"问题迅速成为人们关注的热点。事实上，系统性风险并非是此次国际金融危机的新问题，国际清算银行在20世纪70年代就已经关注到系统性风险。系统性风险（Systemic risk）本身并不是经济领域专有的概念，迄今为止，学术界对系统性风险并没有一个权威的被广泛接受的概念。但是一些具有显著特征的描述还是能够被普遍认可的：一个是隐匿的累积性，即系统性风险的累积是个缓慢的过程，并且藏匿于正常的经济运行中去而不易被察觉，而一旦其特点充分暴露时，往往处于爆发经济危机的临界点。另一个是广泛的传染性，即系统性风险的持续酝酿累积会迅速波及直接相关、非直接相关甚至不相关的第三方，从而使整个经济环境受到影响，降低整体经济抵御风险的能力。最后就是转化为经济危机的可能性，系统性风险累积到一定程度可以爆发经济危机，从而对整个系统造成巨大的破坏影响。而本书正是紧密围绕着这些显著特征而展开的研究。综合现有文献研究，本书将系统性风险定义为：由经济周期、宏观经济因素、外部冲击等因素引起的一国金融体系震荡、实体经济损失的可能性。

此外，本书强调，这里所论述的"系统性风险（Systemic

risk)"与"不可分的系统性风险（Systematic risk）"之间的区别，二者最主要的区别是宏观与微观的区别。前者更多地强调风险的整体性与宏观性；而后者主要指的是资本市场中无法通过分散投资加以消除的风险，也被称为不可分散风险、剩余风险或者市场风险，其研究主体为单个投资主体。

（二）系统性金融风险

系统性金融风险把对系统性风险的研究重点放在金融领域，而这种重点会有不同的侧重点。例如，有的研究将重点放在引发系统性风险的原因上，即考虑由金融事件（单个或若干个银行的破产）引发的系统风险；有的将重点放在系统风险对金融市场的影响研究上，着重分析金融市场受到的破坏性影响；还有的将重点放在金融体系对系统风险传染的载体作用研究上，即金融市场结构对系统风险传染的推动作用。本书根据研究需要，将系统性金融风险定义为在内外冲击与金融风险累积的共同作用下，引起局部金融机构的损失，并在金融系统甚至实体经济内部进行扩散与传染，最终引起金融系统的功能遭受部分或全部损害的可能性。此外，本书认为，金融危机是系统性金融风险的极端状态，即金融风险累积到一定程度后超越一定范围的集中爆发，是系统性金融风险的一个结果与表现形式。系统性金融风险则是隐藏在金融危机背后的真正原因和永恒存在，换句话说，其是金融体系的一种相对常态。在系统性金融风险累积的强度较低、传染范围较小，尚在可控时，可认为金融体系处在安全状态中。

二、系统性金融风险的演化机制

通过对系统性金融风险的研究，尤其是根据系统性金融风险演化机制的识别，人们将系统性金融风险的演化划分累积—爆发—扩散三个阶段。

(一) 累积阶段

在这个阶段，系统性金融风险的具体表现可以被称为金融失衡 (Financial imbalances)，这种失衡反映在金融系统、金融市场、金融机构当中，其具体表现为结构失衡、供求失衡等。这种金融失衡的表现非常隐蔽，而且可以有长期的潜伏期，在没有累积到一定程度或者遭受内外冲击的条件下，整个金融体系可以一直正常运转下去。其实，相对于系统性金融风险的爆发与扩散，累积阶段的历时最长，重要性也最强。同时，在这个过程中，系统性金融风险的传染性已经露出端倪，金融体系各组成部分之间的关联性在方向与强度上已经发生变化，在增强金融体系脆弱性的同时，也为危机爆发后的传播与扩散提供了路径支持。

(二) 爆发阶段

当系统性金融风险累积到一定程度，一个冲击 (内部或者外部、系统或者个体) 便会成为金融危机爆发的导火索，系统性金融风险的表现形式从金融失衡转化为金融危机。即金融体系"明斯基时刻"的到来。相对于系统性金融风险累积过程的难于完整识别，人们对于金融危机爆发的印象更为深刻，把握更为准确。一般来说，该时刻在事中与事后较容易识别，而在事前则较难预测。而且需要强调的是，这个冲击可以来自金融体系内部，也可以来自金融体系外部，可以是某个银行的倒闭，可以是某项政策的实施，也可以是某个政治事件的发生，甚至是某条谣言的散播。

(三) 扩散阶段

金融危机一旦爆发，将会迅速传导到整个金融体系，这与前面叙述的系统性金融风险在累积过程中的传染特性既有区别也有联系。一方面，系统性金融风险在累计过程中的传染为金融危机爆发后的传染扩散提供了路径支持；另一方面，作为系统性金融风险的结果与表现形式，金融危机扩散的范围更广，其破坏力更大。这种扩散最初可能出现在金融体系内部，然后迅速扩散至整个经济体，周边国家，最后是全世界。根据张晓朴（2011）的观点，这种扩散的渠道主要有三个：首先是资产负债表渠道。由于各金融机构基于资产负债表的联系越来越密切，导致其关联度越来越高，从而为风险的扩散提供了渠道；同时金融机构也会受到风险的影响，造成其资产与负债的错配，从而导致流动性风险甚至直接破产，进一步加剧系统性金融风险的破坏性。其次是资产价格渠道。一般说来，系统性风险会造成资产价格的大幅缩水，从而造成投资者的损失，影响企业盈利能力，最终使整个实体经济受到影响。最后是心理预期渠道。随着危机的爆发，投资者与消费者对金融市场的信心会受到很大影响，很多非理性的恐慌的抛售与减少消费的行为直接影响到实体经济，而且这种信心和恐慌的扩散极为迅速，最终造成整个经济社会大面积的信心崩溃。信心的丧失最终演绎成典型的金融危机预言的"自我实现"。

第二节 金融脆弱性与系统性金融风险的形成

一、金融脆弱性理论

随着金融风险的不断累积与爆发以及新的风险特性的不断呈现，人们对于引发金融风险的原因的认识也不断深化，人们关注的视角也从传统的外部宏观领域转到金融领域内部，而金融内部本身的脆弱性则被认为是引发金融风险的内在根源。对金融脆弱性的理论研究最早始于货币脆弱性研究，此后，学者主要从金融体系（货币功能、经济周期波动等）、金融参与者（道德风险、逆向选择等）、金融自由化与虚拟化（过度深化、自由化、虚拟化）以及政策体制（政府与金融业的关系）等角度来分析金融脆弱性这一问题。虽然分析的角度有所不同，但学者们普遍认为，金融脆弱性描述了金融系统因逐步丧失抗御风险的能力所显现出的一种羸弱状态。金融脆弱性是现代金融系统经常存在的内生属性，是金融的"原罪"。有关金融脆弱性的定义并没有统一的说法。一般说来，对金融脆弱性的理解主要包括微观、宏观两个视角。

从微观视角来说，金融脆弱性是指金融业本身的经营特点所决定的内在不稳定性。这种经营特点主要包括：高负债经营、资产负债期限不匹配、信息不对称问题、委托代理问题等问题。而广义的金融脆弱性则是指一种易于引发风险的状态。广义的概念主要强调金融系统所处的高风险的状态特征，而微观的概念则是强调金融机构与市场内部不稳定性的属性。

根据上述分析，从结构角度可以将金融脆弱性分为金融机构脆弱性、金融市场脆弱性与金融系统的脆弱性，而正是三个层次的脆弱性从不同角度导致了系统性金融风险的积聚，当这种风险的积聚到一定程度时，某特定的事件（可以出现在金融系统内，也可以出现在金融体系意外）的发生将引发金融危机。

二、金融脆弱性是系统性金融风险形成的内因

（一）金融机构脆弱性

金融机构的脆弱性主要是指由于金融机构其高负债与资产负债错配等经营特征导致的不稳定特性。

1. 高负债特性

高负债的经营容易导致机构的破产已是不争的事实。财务理论认为，破产概率与企业的财务杠杆比率成正比。此外，高负债的行为容易导致道德风险的问题，有可能诱使企业追求过高风险的经营活动。而商业银行高负债的经营特点使其一旦陷入困境的最直接后果就是清偿能力的下降，而这种清偿能力的下降会由于金融机构之间互联性的增强而广泛在机构间传播，导致系统性金融风险的积聚。

2. 期限错配特性

商业银行在经营过程中，会遇到其负责业务的硬约束与其资产业务软约束之间的矛盾与冲突。这种冲突直接导致商业银行借短贷长的基本经营模式。这种模式最直接的后果就是流动性风险，而当流动性风险在机构间传染或者大多数机构面临流动性风险时，挤兑行为就会极易发生，其行为的破坏力巨大，会导致具备清偿能力的金融机构直接陷入破产的境地，从而增强系统性金风险的传染性，甚至直接导致金融危机的爆发。而且，由于缺乏长期资金来源的渠道以及主要以银行作为融资渠道的特点，这种错配特性在新兴经济体中表现得更为明显。

(二) 金融市场脆弱性

1. 信息不对称

信息不对称是指在市场经济运行体制下,市场交易的经济主体之间的信息分布不均匀,即交易过程中双方掌握对方信息的程度不一致,从而导致市场机制的低效运行。信息不对称是经济社会的普遍现象。在金融市场中,信息不对称主要反映在资金的供求双方,载体为信贷市场、资本市场与保险市场。在银行信贷市场中,信息不对称主要反映在借款人与贷款人与金融中介机构三者之间的互相不对称,这种不对称的直接结果就是挤兑行为的发生、金融资产质量下降以及资源配置效率的低下,这些后果都会直接或者间接地导致系统性金融风险的累积。在证券市场中,投资主体与客体之间的信息不对称性直接导致代理问题与逆向选择问题的产生,而投资主体之间信息的不对称则会引发市场操纵行为的产生。上述问题会造成证券市场价格机制的失灵、资产价格频繁波动以及过度投机行为的产生,增强金融市场的脆弱性,诱使系统性金融风险累积。在保险市场中,信息不对称行为的影响更加显而易见,这里不再赘述。

2. 金融市场的顺周期特性

金融市场的顺周期特性是指金融市场中某些特征导致周期性波动幅度增大的特性。在金融体系内,银行信贷、资产价格、监管部门的资本要求等要素都存在显著的顺周期特性,而金融市场的顺周期特性主要通过加速器效应与财富效应等渠道影响到实体经济,从而放大经济体的外生冲击。以银行信贷行为为例,在经济上升阶段,由于企业财务状况良好、流动性充足,偿付能力较强,其抵押品的价值,信用评级上升,企业获得贷款的主动性与可能性都上升，从而刺激经济的进一步扩张。而在经济的下行阶段，企业财务状况恶化，流动性不足，盈利能力下降，导致其抵押品的价值下降，信用评级降低，其获得贷款的可能性也大幅下降，从而进一步遏制企业的投资行为以及消费者的消费行为，最终导致经济进一步走向萧条。这种特性进一步加剧了经济的周期的波动，加大了外部宏观经济对金融体系冲击的可能性，从而导致系统性金融风险的进一步累积。

3. 金融市场的不确定性

金融市场的风险来自不确定性。与风险不同，不确定性是无法度量的。金融市场的不确定性主要是指由于信息不对称、未来预期不确定以及市场不完全有效等原因导致的资产价格的频繁波动以及由此造成的金融资产收入的不确定性。理论和实证都已经表明，人们的预期普遍都是非理性的；同时，金融市场的主体——金融产品是信息高度综合的虚拟产品，这就使得金融市场尤其是新兴金融市场都处于半有效甚至无效的状态中。这些因素都会导致投资者行为的非理性，从而造成资产价格的频繁波动以及资产泡沫的形成，而资产价格的这种频繁波动直接影响到金融资产持有者收入的稳定性，进而增强金融市场的复杂性，使系统性金融风险进一步累积。

(三) 金融系统的脆弱性

金融体系的脆弱性主要表现在金融体系所处的一种状态，可以将其理解为由于金融机构脆弱性、金融体系脆弱性所导致的系统性金融风险累积到一种较为敏感、严重失衡的状态。而在此时，一个来自宏观经济的外部冲击有可能直接导致系统性金融风险的爆发，从而造成金融危机。金融系统的脆弱性体现的是内部风险累积的状态。需要强调的是，这种冲击可以来自外部，同样也可以来自金融系统内部，而且并不是说只有系统性冲击才能造成系统性金融风险。学界已经普遍接受这样的观点，一个单纯的非系统性的冲击也可以扮演压死骆驼的最后一根稻草的角色。

总之，金融脆弱性是整个金融领域固有的特性，是系统性金融风险存在的内生原因。现代金融的脆弱性，与金融本性以及信用扩张程度有关。金融本性就是对信用的风险定价。如果定价不合理，就容易导致过度的信用扩张。世界上的任何金融危机都是与信用过度扩张有关。迄今为止，我们无法采取有效措施完全消除系统性金融风险，但是我们可以采取有效的措施去监控它，并采取相应测试对其进行控制，以降低系统性金融风险的累积程度。而且，在不同的截面维度（新兴经济体与发达经济体）以及时间维度（危机前、危机后、平静期）中，上述脆弱性都有不同的表现形式，发挥着不同程度的作用。

第三节　金融失衡与系统性金融风险的累积

根据前文分析，金融系统本身的脆弱性决定了其潜在系统性风险的存在，即系统性金融风险的存在是内生的。但是，导致其不断累积、扩散（传染）的因素则是外生的，即金融体系的失衡程度决定了系统性金融风险的累积程度。本书认为，现阶段，我国系统性金融失衡的不断加剧是引发我国系统性金融风险不断累积、扩散（传染）的外在重要因素。因此可以说，金融内在脆弱性与我国金融失衡程度的加剧相互作用，共同演化发展，最终导致了我国系统性金融风险的不断累积。金融失衡可以包含结构失衡、供求失衡等多个维度。接下来，本书将详细分析金融失衡特征在现阶段中国的具体表现，重点剖析这些特征与系统性金融风险的关系，从而探讨新形势下引发我国系统性金融风险不断累积的各类因素。

一、过高的投资比重

经济增长主要依靠三个驱动因素，消费、投资、对外贸易，被称作拉动经济增长的三驾马车。而我国现阶段经济增长的一个显著的特点是过度依赖固定资产投资。

1992年以来，我国历年资本形成总额与国内生产总值的比率始终高于35%，近十年更是高达40%以上。同时横向对比各国水平来看，中国在整个G20国家中，投资比重是最高的，而且与其他国家的差距较为明显。这种过高的投资比重，会造成经济结构的失衡。而且，我国投资中政府比重过高的特点非常明显，虽然这种状况维持了一段时间，但是其未来的可持续性是值得怀疑的。现有的研究已经证明，过度依靠投资的经济增长是难以长时间持续的。与此同时，这种投资的增长需要政府大量支出来维持，而在政府收入没有发生大幅度变化的前提下，政府只能依靠发行债务来维系投资。近年来，地方政府融资平台的快速发展与其不无关系（本书接下来会重点分析），地方债务的大量累积，使得地方政府的偿付压力巨大，违约风险上升。同时，政府投资容易出现重复投资、落后投资以及非生产性投资问题，从而进一步加剧了经济失衡，并且其回报率值得怀疑。最后，这种投资驱动型的增长模式直接导致产能过剩的形成与加剧，企业盈利能力下降，最终造成银行信贷质量的下降，导致金融风险的累积。

二、经济周期的波动

经济周期的波动是经济社会的普遍现象，我国经济快速的增长过程中始终伴随着经济周期的波动。尤其是次贷危机以来，受全球经济危机、经济运行机制、经济结构改革和宏观调控政策等内外因素的影响，我国的经济周期性波动特征更加明显。近年来，我国经济周期的波动性明显增强。

系统性金融风险的形成和积累与经济周期性波动密切相关，系统性金融风险往往隐藏于经济繁荣阶段，并不断累积，最终在经济突然下滑时爆发。在经济繁荣阶段，这种市场繁荣使资金的供给和需求都处于旺盛状态，活跃的金融交易和大量的金融创新活动增强了金融体系的货币创造能力，供需旺盛、信用膨胀和财务杠杆率的提高与不断高涨的非理性情绪相结合，使得资产价格在货币供给的高速增长中被赋予远高于其自身价值的市场估值。货币推动下的实体经济泡沫化增长使金融风险在经济系统中大范围形成和积累起来，一旦经济出现下滑，很容易致使资产泡沫破裂，进而出现"信贷紧缩—不良资产加剧"的恶性循环。

本书利用中国金融压力指数(CFSI)的分位数与GDP缺口比率之间的对比分析来简要说明经济周期波动与系统性金融风险的关系，本书首先将金融压力指数进行10分位数统计，然后根据10个分位值所对应时间的提前2期值去确定其GDP缺口比率，以这些缺口比率为样本值，横轴为10分位，纵轴为缺口比率来进行分析。

在我国处于金融压力相对最大时期，即压力指数的90%～100%区间时，其提前2个季度的GDP缺口最大，可见，随着经济周期的波动，尤其是负向波动，对未来金融环境造成了较大的影响，使得系统性金融风险进一步累积。

三、资产价格的频繁波动

资产价格波动主要通过抵押品价值—信用贷款渠道影响系统性金融风险。当资产价格上升时，以其作为价格标的的抵押品价值也会上升，从而增强企业获得商业银行贷款的可能性；同样的，银行资产与抵押品之间的关联性也就增强，银行资产的这种风险暴露会直接导致金融风险的累积。而一旦当资产价格发生波动进而转向下跌时，资产价格的大幅度下跌会降低抵押品价值和融资企业净资产，这会让与其有密切联系的银行产生不良资产的可能性大增，从而影响银行经营，增加破产风险。同时，由于抵押品和公司净资产能够起到降低逆向选择和道德风险的作用，而其价值的下降会使信息不对称程度更为严重。金融市场上的逆向选择和道德风险加剧，会进一步导致商业银行信贷收缩并影响宏观经济。需要强调的是，我们应具体分析这种影响的特点，如果资产价格变动对银行信贷的影响是线性变动，即银行信贷的下降是有限度而且是可控的，否则会影响金融系统基本功能的发挥或者影响甚微。反之，如果资产价格的大幅波动通过金融加速器原理（信息不对称的加剧）影响而产生非线性变动，则将引发银行信贷大幅缩减和银行经营陷入困境，致使金融体系融资功能发挥受到严重影响，进而引发金融危机。

此外，资产价格波动对系统金融风险影响作用的发挥，需要考虑金融市场的深化程度。金融市场越发达，金融市场深化程度越深，资产价格波动对金融风险的影响作用更明显。而我国金融市场的快速发展与深化程度的加强是不争的事实，因此更应该关注资产价格波动的影响。

资本市场是中国金融的一个重要领域。对于中国资本市场的未来发展，厦门大学北京校友会副会长、民生证券首席经济学家邱晓华说："资本市场的春天正在来临。政府需要资本市场，企业需要资本市场，老百姓需要资本市场，化解金融风险也需要资本市场。对外开放也需要资本市场，金融科技会助推资本市场。从这几个方面来看，中国资本市场会是一个稳健向上的慢牛行情。"

邱晓华认为，创新作为最重要的驱动力正在推动中国经济走向一个高质量发展的阶段，中国已经进入由富起来到强大的伟大时代，这个时代叫"新时代"。

四、过度的地方政府债务

近年来，随着我国经济体制改革的不断深入，地方政府债务的快速增长引发了各界的关注。可以看到，我国地方政府债务余额占名义 GDP 的比重逐年上升，尤其是从 2009 年国家投入 4 万亿资金拉动经济开始，该比例上升明显；到 2010 年，我国地方政府债务余额占名义 GDP 的比例已高达 26.8%，并持续保持在高位。伴随着地方政府债务的快速增长，一系列风险因素已经开始暴露累积，个别地方政府性债务已经出现违约迹象。同时，由于我国债券市场发展与成熟国家相比还不完善，体制还不健全，尤其缺乏严格意义上的地方市场与交易平台，因而在地方政府债务的形成与膨胀过程中，金融机构的资金支持和融资工具创新充当了重要角色，发挥了极其重要的作用，进而使得地方政府债务融资风险与相关金融机构的资产质量相互交织，引起系统性金融风险的累积。

首先，截至 2013 年 6 月，我国地方政府负有偿还责任的债务余额超过 10 万亿，此外政府负有担保责任的债务近 2.7 万亿，政府可能承担一定救助责任的债务 4.3 万亿，三者合计高达 17 万亿。可见地方政府未来面临着较大的偿还压力。尤其是在现阶段我国地方经济发展差异巨大的背景下，某些地方政府面临的压力可想而知。

其次，如前所述，地方政府债务的偿还与金融机构信贷质量密切相关，一旦地方政府出现违约，进而造成银行不良资产上升，金融体系中系统性风险不断累积。截至2013年6月，我国地方政府债务资金的来源中，来自银行信贷的合计超过10万亿，比重超过60%。此外，地方政府从银行获取贷款主要是依靠土地作抵押品，而土地这种抵押品的价格要受房地产市场周期的重要影响。

房地产市场迅速发展，刺激地方政府债务的进一步膨胀，房地产市场的回落，使得抵押品价值下跌，银行信贷质量下降。再次，地方政府债务的投向主要是市政设施、交通运输、土地与住房等回报周期比较长的项目。截至2013年6月底，我国地方政府投向上述领域的资金占比高达76.8%，而我国地方债务的短期偿还压力非常大，未来五年需要偿还的负有明确偿还义务的债务的比例达到81.24%。与此同时，我国整个政府收支"财政倒挂"的特点明显，地方政府收入来源有限，这种"借短投长"与"财政倒挂"相结合的特点，显然进一步增强了地方政府的偿还压力，导致风险的进一步累积。

最后，由于政府的特殊身份，其缺乏对其直接有效的评估与监管，进一步导致地方政府债务的不透明。金融机构不仅难以对地方政府的举债能力进行准确评估，更无法实施有效的贷前审核与贷后监管。一旦出现偿还风险，也无法通过正常的司法手段进行有效追偿，而只能采取"借新还旧"的办法。这样就使得地方政府债务规模日益膨胀，也使金融机构的信贷风险进一步累积。

五、影子银行体系的快速扩张

肇始于美国的次贷危机充分暴露了影子银行对整个金融体系稳定的巨大破坏作用。近些年，我国各地区屡次发生民间借贷危机事件，从浙江温州企业主"跑路"到内蒙古鄂尔多斯民间借贷断链，从河南郑州担保事件、山西柳林高利贷到陕西神木民间借贷危机。这些事件给我们一个重要的警示，即如何监管这种游离于监管范围以外的影子银行的融资活动。微观意义上的影子银行仅仅指这些游离于监管体系之外的与商业银行相对应的金融机构与信用中介业务。而宏观上，将影子银行定义为通过具有信用转换、期限转化与流动性转化的信用中介机构与个人。本书认为，这种从功能角度定义的影子银行有助于分析其对于系统性金融风险的影响。

2012年，我国影子银行总体规模为27.15万亿，其资产规模占商业银行资产规模的比例为29%，占银监会监管的全部金融机构资产规模约19.6%。本书认为，我国的影子银行虽然在绝对规模上与美国、欧盟等国家还无法相比。但是从国内构成上看，影子银行已经成为我国金融体系中重要的组成部分。因缺乏监管，其有可能造成的系统性金融风险隐患值得我国去关注。此外，从其具体构成上看，信用中介功能的发挥主要依靠三个路径，即银行渠道、非银行金融机构渠道以及其他渠道。

接下来，本书结合其具体计算口径，选择重点，分析其造成的风险隐患。

首先，影子银行当中的理财产品由于其期限错配特点容易造成流动性风险，结合其分离定价特点，这种流动性风险更容易扩散到每期产品中去。其次，影子银行中规模最大的是信托产品，这么庞大的产品其兑付风险始终值得我们关注；而且我国信托产品的风险始终与房地产市场及其他产业市场风险紧密联系，其更容易受到金融体系外的因素影响。

其次，整个影子银行规模中仅次于信贷产品的就是委托贷款，委托贷款作为非金融企业之间调剂富余资金的合法渠道，本身可以提高整个社会的闲散资金利用率，但是由于其本身特点（计入委托贷款科目中，不受信贷规模限制），银行存在利用"假委托贷款"隐藏真实贷款的可能与动机。此外，一些受到国家宏观调控严格控制的企业（高污染、高能耗、高排放工业企业以及一些房地产开发企业）利用委托贷款的实际用途难以查核的特点来规避政策限制，从而影响国家宏观调控政策的效果。在此前的"上海社保基金挪用案"中，大量社保资金正是以"委托贷款"的名义违规流入房地产、高速公路建设等项目中，并使社保资金本身和相关银行蒙受了巨大的潜在风险和现实损失。

再次，一些融资性担保公司以及小额贷款公司，其非法吸收公众存款以及违规放贷的情况时有发生，这些行为对企业的经营、社会稳定、金融安全都造成了不良影响。

最后，也是最重要的，就是对影子银行的监管问题。现有的机构监管规则中，影子银行的某些产品（如民间借贷以及一部分私募基金等）没有被纳入监管机构的监管范围中，而即使属于监管范围的产品，也由于分业监管体制以及机构设置等原因，导致对其监管不力。因此，本书认为化机构监管为功能监管，提高监管效率是当务之急。

六、房地产泡沫的持续累积

房地产行业是我国的支柱产业与主导产业，其最主要的特点是产业链长、关联度大。据发达国家统计，房地产业的产值每增加1个百分点，能使相关产业的产值增加1.5至2个百分点，房地产行业在国民经济中发挥着举足轻重的作用。与此同时，作为资金密集型行业，其供给与需求都离不开金融机构。一方面，作为资金供给者，金融机构为房地产消费者提供信贷支持，可以使消费提前，同时缩短销售时间。另一方面，作为资金需求者，金融机构为房地产企业购买土地、开发房地产提供资金，其政策、态度以及决策将决定开发商的投资时机和数量。因此，这种信贷扩张效应成为房地产泡沫形成的一大原因；反过来，房地产泡沫又给金融市场带来了震荡，诱发系统性金融风险。

房地产泡沫是指房地产市场投机所引起的房地产价格脱离市场基础即均衡价格的持续上扬。有关房地产泡沫的度量主要使用租售比、空置率、投资购房与自住购房之比、房地产贷款占比和房地产业利润率、房价收入比等指标。吕江林（2010）经过分析这一观点认为，房价收入比是衡量我国房地产泡沫程度较好的指标，并且得到学界认可。房价收入比是指房屋总价与居民家庭年收入的比值。根据已经计算出来的中美国家住房收入之比的比较可以看出，我国的房价收入比要明显高于美国，虽然由于统计规则等原因，并不能认定我国的房地产泡沫要高于美国，但是结合我国现在认定的6~7倍是合理的住房收入比的判断，我国的确存在着一定程度上的房地产泡沫。同时结合我国30个省（市、自治区）房价收入比排名上看，我国各地区的房地产泡沫程度差异较大。发达地区的房地产泡沫程度要显著高于欠发达地区。这种差异化的现象使得对于房地产进行全国范围的统一的严格调控可能性并不大，进而加剧房地产泡沫对系统风险的影响。

过高的房地产泡沫显然难以为继，而一旦这种泡沫破裂，与之联系的金融机构稳定性就会造成影响。首先，房地产泡沫的破灭会导致金融机构债务人（房地产开发商、购房者）财务状况的恶化，加大贷款违约的风险，同时也会使银行抵押品价值下降，导致银行自身资产负债表的恶化，引发市场风险。其次，房地产泡沫诱发金融机构违规操作的逐利行为，这些信贷审查不严格甚至内部欺诈的行为导致了金融机构的操作风险。最后，房地产行业除了自身对金融机构的稳定产生影响外，前文已经分析，该行业也与影子银行体系、地方政府债务等方面密切相关，这些间接渠道的存在，使得房地产泡沫的破灭对金融稳定的影响更加显著。

值得注意的是，房地产市场泡沫对系统性金融风险的影响除了与房地产市场的泡沫程度密切相关外，还与房地产市场的融资结构有关。由于目前我国房地产开发融资渠道单一，市场环境以及门槛限制，股权融资能够发挥的作用有限，而商业银行贷款无疑成为房地产开发商获取资金支持的首选渠道，房地产开发对银行资金的依赖性极大。开发资金的信贷依赖银行、物业抵押的信贷依赖银行，购房的消费信贷依赖银行，建筑企业垫付的工程资金还是依赖银行。可以说，商业银行参与了房地产开发的整个过程，面临着房地产开发各个环节的市场风险与信用风险影响，这也放大了房地产泡沫对金融稳定的破坏作用。

七、杠杆率的快速升高

杠杆率的升高在学界一直被认为是简单且经得住考验的金融危机的领先指标。一般来说，当经济状态已经处于高位时，总是伴随着经济泡沫的产生，这种泡沫的进一步膨胀已经孕育着巨大的系统性风险。而由于经济主体的非理性，投资者和企业都假设之前的良好表现将在将来得到延续，而金融部门也乐于从此分一杯羹，进而不断扩大杠杆率以最大化收益，加速了经济泡沫的破灭与系统性风险的爆发。

伴随着我国经济逐渐走出2008年金融危机的阴影，我国经济整体杠杆率进一步提升，按照以国内信贷占比GDP作为杠杆比率的度量方法，我国整体经济杠杆比例在2008年后迅速上升，2012年已经达到了1.21的历史高值。虽然我国整体经济的杠杆程度与发达国家相比并不是最高的，但是从发展速度上看，我国国内信贷的增长速度与发达国家经济体（G7）相比却是最高的，整体经济体杠杆率上升的势头明显。中国经济杠杆率的快速增长主要体现在非金融部门、金融部门以及个体居民三部分。

具体而言，非金融部门杠杆率的增长表现为资产负债率上升和制造业产能过剩以及债券、委托贷款和信托贷款等非传统融资方式。这种非传统融资方式的大量使用会使融资成本上升和资金错配风险增加。而金融部门杠杆率的快速增长表现为表外业务的爆发式增长，而且缺乏足够的监控，导致金融风险的上升。此外，在我国，居民杠杆率的快速上升主要原因是与房地产周期密切联系的房地产消费信贷的快速增长。因而从系统风险角度上看，金融、非金融、居民部门均需去杠杆化，以抑制系统性风险。

回顾我国过去三十年的历史，20世纪90年代也曾发生过类似的由于快速升高的杠杆率导致整体金融系统发生风险的情况。1992年后，中国开始了投资热潮，并引发了经济的过热和高通胀。整体杠杆率迅速上升，1998年国内信贷占GDP的比重相比于1994年攀升了24%。政府不得不采取紧缩政策去抑制通胀，而随之而来的亚洲金融危机又使得政府不得不采取扩张性政策以抵销出口的萎缩。最终，我国在1998年到2004年经历了漫长而痛苦的去杠杆化过程。据世界银行数据显示，我国商业银行不良贷款比例在2011年达到了29.8%，政府不得不通过注入公共资本和剥离坏账等方法对主要银行进行重组。

第三章

财政政策和货币政策

第一节 财政政策及其效果

2017年中国经济整体表现向好，其主要助推力量来自于供给侧改革、创新创业、"一带一路"倡议等一系列支撑，稳中向好趋势明显，经济增长质量有所提高。如果能够继续保持此趋势，中国经济在2018年依然会延续总体平稳、稳中向好的态势。

国务院总理李克强于2018年3月5日在做政府工作报告时，明确了2018年我国宏观经济政策的预期目标：国内生产总值增长6.5%左右；居民消费价格涨幅3%左右；城镇新增就业1 100万人以上，城镇调查失业率5.5%以内，城镇登记失业率4.5%以内；居民收入增长和经济增长基本同步；进出口稳中向好，国际收支基本平衡；单位国内生产总值能耗下降3%以上，主要污染物排放量继续下降；供给侧结构性改革取得实质性进展，宏观杠杆率保持基本稳定，各类风险有序有效防控。

李克强总理说，上述主要预期目标，考虑了决胜全面建成小康社会需要，符合我国经济已由高速增长阶段转向高质量发展阶段实际。从经济基本面和就业吸纳能力看，6.5%左右的增速可以实现比较充分的就业。城镇调查失业率涵盖农民工等城镇常住人口，2018年首次把这一指标作为预期目标，以更全面反映就业状况，更好体现共享发展要求。

一、宏观经济政策目标及其相互关系

宏观经济政策是指政府为使宏观经济运行达到一定的效果，

有意识地用来干预和影响经济运行的指导原则和措施。通常来说，宏观经济政策主要有充分就业、物价稳定、经济增长和国际收支平衡四大目标。

(一)宏观经济政策目标

1. 充分就业

充分就业是指包含劳动在内的一切生产要素都以愿意接受的价格参与生产活动的状态。

充分就业包含两种含义：

第一，指除了摩擦失业和自愿失业之外，所有愿意接受各种现行工资的人都能找到工作的一种经济状态，即消除了非自愿失业就是充分就业。

第二，指包括劳动在内的各种生产要素，都按其愿意接受的价格，全部用于生产的一种经济状态，即所有资源都得到充分利用。

实现充分就业，就是把失业率保持在自然失业率的水平，让自然失业以外的所有愿意为现行工资工作的人都可以找到工作，实现最大量的就业。失业意味着稀缺资源的浪费或闲置，从而使经济总产出下降，社会总福利受损。较高的失业率不但造成社会经济资源的极大浪费，而且很容易导致社会和政治危机，因此，各国政府一般都将充分就业作为优先考虑的政策目标。

2. 物价稳定

物价稳定是指物价总水平的稳定。

其一般用价格指数来衡量一般价格水平的变化，价格稳定不是指每种商品价格的固定不变，也不是指价格总水平的固定不变，而是指价格指数的相对稳定。价格指数又分为消费价格指数（CPI）、生产者价格指数（PPI）和国内生产总值价格折算指数（GDP deflator）三种。物价稳定并不是指通货膨胀率为零，而是允许保持一个低而稳定的通货膨胀率，低是指通货膨胀率在1%~3%之间，稳定是指在相当时期内能使通货膨胀率维持在大致相等水平上。

3. 经济增长

经济增长是指一国经济活动能力的扩大，在一个特定时期内经济社会生产的产品增加。

衡量经济增长的指标有国内生产总值增长率、人均国内生产总值增长率等。一种观点认为，经济增长就是一国GDP的增加，或者是人均GDP的增加；另一种观点认为，经济增长是指一国生产产品和劳务能力的增长。

一般认为，经济增长与就业目标是一致的，经济增长会增加社会福利，但并不是增长率越高越好。经济增长一方面要受到各种资源条件的限制，不可能无限地增长；另一方面，经济增长也要付出代价，如造成环境污染，引起各种社会问题等。因此，经济增长就是实现与本国具体情况相符的适度增长率。世界各国由于发展阶段及发展条件的不同，在增长率的选择上往往存在差异。大多数发展中国家较发达国家更偏好于高的增长率。

4. 国际收支平衡

国际收支平衡的目标要求做到汇率稳定、外汇储备有所增加、进出口平衡。

国际收支平衡不是消极地使一国在国际收支帐户上经常收支和资本收支相抵，也不是消极地防止汇率变动、外汇储备变动，而是使一国外汇储备有所增加。适度增加外汇储备被看作改善国际收支的基本标志。同时，一国国际收支状况不仅反映了这个国家的对外经济交往情况，还反映出该国经济的稳定程度。

(二)宏观经济目标之间的关系

宏观经济目标之间存在着互补与交替的相互关系。互补是指一个目标的实现对另一个的实现有促进作用。例如，为了实现充分就业水平，就要保持必要的经济增长。从长期来看，这些目标是相互促进的；交替是指一个目标的实现对另一个有排斥作用。例如，物价稳定与充分就业之间就存在两难选择。在短期，这些目标之间常常存在矛盾，具体表现如下：

1. 充分就业与物价稳定之间的矛盾

根据宏观经济学的基本理论，要实现充分就业，必须运用扩张性的经济政策，而这会增加财政赤字和货币供给量，从而引起物价上涨和通货膨胀。反之，要实现物价稳定，就必须运用紧缩性经济政策，但这会减少货币供给量和总需求，从而导致较高的失业率。

2. 充分就业与经济增长之间的矛盾

充分就业与经济增长具有一致性的一面。这是因为，充分就业有利于经济资源的充分利用，有利于促进经济增长；经济增长反过来又会提供更多的就业机会，从而有利于实现充分就业。但是，充分就业与经济增长之间也存在矛盾的一面。要提高潜在国民生产总值增长率，需要向知识和资本投资，以提高生产技术水平。这会导致资本特别是机器对劳动的替代，从而相对减少对劳动的需求，使部分工人，尤其是技术水平低的工人失业。

3. 充分就业与国际收支平衡之间的矛盾

根据宏观经济理论，充分就业的实现会引起国民收入的增加。在边际进口倾向既定的条件下，国民收入增加会引起进口增加,从而导致国际收支状况恶化。此外,为了实现充分就业,往往需要扩大出口、限制进口,这也会妨碍国际收支平衡和对国外质优价廉商品的进口,降低本国居民的效用水平。为了享受国外的低价商品和维持国际收支平衡,需要增加进口,这往往会引起相关行业的工人失业。

4. 物价稳定与经济增长之间的矛盾

根据宏观经济理论,一个国家要抑制通货膨胀、维护物价稳定,需要实行紧缩性经济政策,必要时还要实行工资和价格管制。这势必会恶化投资环境,造成价格扭曲,滞缓经济增长,降低经济效率。反之,为了促进经济增长,需要实行扩张性经济政策,这样出现通货膨胀也就在所难免。

宏观经济政策不是只考虑这些目标中的某一项,而是要同时实现这些目标。因此,在制定经济政策时,必须对经济政策目标进行价值判断,权衡轻重缓急和利弊得失,确定目标的实现顺序和目标指数高低,同时使各个目标能有最佳的匹配组合,使所选择和确定的目标体系成为一个和谐的有机整体。

一旦确定了宏观经济目标,就需要明确可以采用的政策工具。在经济生活中,最常见的政策工具是财政政策和货币政策。具体来说,财政政策包括政府税收和支出政策,货币政策则包括公开市场业务,调整再贴现率和法定准备金率等。不同的经济政策工具有着不同的传导机制,而经济政策工具的效果则受多方面因素的制约。

二、财政政策的内容与运用

(一)财政政策的内容

财政政策就是政府运用支出和收入来调节总需求以实现其宏观经济目标所做出的决策。

财政政策的主要内容包括政府支出与税收。政府支出包括政府公共工程支出、政府购买以及转移支付;政府税收主要包括个人所得税、公司所得税和其他税收。

1. 政府支出体系

(1)政府支出内容。主要包括:社会福利支出;退伍军人的福利支出;国家防务和安全支出;债务利息支出;教育和职业训练支出;公共卫生和保健支出;科学技术研究费用;交通、公路、机场、港口和住宅的支出;自然资源的环境保护的支出;国际交往与国际事务的支出。

(2)政府支出方式。主要有政府购买和政府转移支付。

政府购买是指政府对商品和劳务的购买。其特点是以取得商品和劳务作有偿支出。它是一种实质性的支出,可以使经济资源的利用从私人部门转到公共部门。由于政府购买有着商品和劳务的实际交易,因而直接形成社会需求和社会购买力,是国民收入的一个组成部分,作为计入 GNP 的四大需求项目之一。

变动政府购买支出是财政政策的有力工具。其主要分三种情况:第一,变动与提供公共产品相关的购买性支出,如提供国防服务,保证公共安全,维护市场交易秩序等职能所发生的支出;第二,变动为了维持政府系统运行和发挥职能而发生的购买性支出,如行政事业费;第三,变动直接投资的购买性支出。

政府转移支付指政府单方面把一部分收入所有权无偿转移

出去而发生的支出。与购买性支出不同，转移性支出只是一种货币性支出，与商品和劳务交易行为没有发生直接联系，不以取得本年产出为补偿，而是为了实现社会公平目的而采取的资金转移措施。转移性支出具有无偿性、单向性的特点，它不必得到等价补偿，受益者也不必归还。例如，社会保险、社会救济、扶助贫困人口、政府对农业的补贴以及债务利息支出、捐赠支出等都属于转移性支出。转移性支出对收入再分配具有最直接的影响。

2. 政府收入体系

政府的收入主要来源于税收和公债两个部分。税收是政府收入中最主要的部分。

第一，按照课税对象的性质，可将税收分为财产税、所得税和流转税三大类。流转税是目前我国最大的税类。第二，按税负能否转嫁，税收又可分为直接税和间接税两种。第三，按照收入中被扣除的比例，税收可以分为累退税、累进税和比例税三种。

间接税如消费税、关税，可以转嫁，影响商品的相对价格；间接税体现效率影响公平。直接税是对收入、财产征税，不可转嫁，是收入的再分配，影响收入，即消费者对社会财富的占有份额；直接税体现公平影响效率。以何种税制为主体，会影响财政，我国长期以间接税为主体，会拉大贫富差距。

政府当年的税收和支出之间的差额称为预算余额（budget balance）。预算余额为零称为预算平衡（balanced budget），为正数称为预算盈余，为负数称为预算赤字。如果政府增加支出而没有相应地增加税收，或者减少税收而没有相应地减少支出，这种做法称为赤字财政（Deficit finance）。当政府发生预算赤字时，就可以通过发行公债向公众借钱或增发货币来弥补。

(二)财政政策的运用

1. 内在稳定器(自动稳定器)

内在稳定器是指财政制度本身所具有的一种能够自动调节经济、减少经济波动的机制。它能在经济繁荣时自动抑制通货膨胀,在经济萧条时自动减轻其程度,而无需政府专门制定政策以调节。其作用特点表现在:当国民收入下降时,它会自动地引起政府支出的增加和税收的减少,从而阻止国民收入进一步下降;当国民收入增加时,它又会自动地引起政府支出的减少和税收的增加,从而避免经济的过度膨胀。

内在稳定器的功能主要通过三个方面体现:

(1)累进税制度。当经济繁荣时,随着生产扩大、就业增加,人们收入随之增加,而通过累进的所得税所征收的税额也自动地以更快的速度增加,税收以更快的速度增加意味着人们的可支配收入的增幅相对较小,从而使消费和总需求增幅也相对较小,最终遏制总需求扩张和经济过热。当经济衰退时,国民产出水平下降,个人收入和公司利润普遍下降,在税率不变的条件下,政府税收会自动减少,留给人们的可支配收入也会自动地减少,消费和总需求也自动地下降,起到缓解经济衰退的作用。

(2)政府转移支付制度。当经济出现衰退与萧条时,由于失业人数增加,穷人增多,符合救济条件的人数增多,失业救济和其他社会福利支出就会相应增加,从而间接地抑制人们的可支配收入的下降,进而抑制消费需求的下降。当经济繁荣时,由于失业人数减少和穷人减少,福利支出额也自行减少,从而抑制可支配收入和消费的增长。

(3)农产品价格维持制度。农产品价格维持制度有助于减轻经济波动,故被认为是稳定器之一。经济萧条时,国民收入下降,农产品价格下降,政府按照支持价格收购农产品,可使农民的收入和消费维持在一定水平;经济繁荣时,国民收入上升,农产品价格上升,政府减少对农产品的支持,并抛售农产品,限制农产品价格的上升,抑制了农民收入的增长,减少了总需求。

需要注意的是,内在稳定器是政府稳定经济的第一道防线,它在轻微的经济萧条和通货膨胀中往往起着良好的稳定作用。在关键时期还是需要财政货币政策的干预,内在稳定器只能起到配套作用。

2. 相机抉择的财政政策

由于政府支出中转移支付乘数和税收乘数所产生的效果都比一般自生性支出所产生的效果要小,因此,虽然各种自动稳定器一直在起作用,但作用毕竟有限,特别是对于剧烈的经济波动,自动稳定器更是难以扭转。因此,要确保经济稳定,政府要审时度势,主动采取一些财政措施。而相机抉择的财政政策就是政府根据对经济形势的判断和财政政策的特点,相机抉择、主动采取的增加或减少政府支出,减少或增加政府收入以稳定经济,实现充分就业的政策。宏观经济学认为,相机抉择的财政政策要"逆经济风向行事"。

(1) 在经济萧条时期,总需求小于总供给,经济中存在失业,政府就要采用扩张性的财政政策,包括增加政府支出与减税。

(2) 在经济繁荣时期,总需求大于总供给,经济中存在通货膨胀,政府则要通过紧缩性的财政政策来压抑总需求,以实现物价稳定。紧缩性的财政政策包括减少政府支出与增税。

何时采取扩张性财政政策,何时采取紧缩性财政政策,应由政府对经济发展的形势加以分析权衡,斟酌使用。

但是，在采用以上财政政策过程中会遇到许多制约因素影响其作用的发挥。其主要有：

一是时滞。认识经济形势、做出决策、实施财政政策都需要一定的时间，因此，财政政策往往不能起到很好的作用；一项扩张性的财政政策，往往要经历以下过程才会对宏观经济产生促进作用：政府采购、企业库存减少、企业扩大生产、工人增加收入、社会总需求扩大、经济增长速度加快。

二是不确定性。实行财政政策时，政府将面临乘数大小难以准确地确定以及从采取财政政策到实现预定目标之间的时间难以准确预测等问题。

三是外在的不可预测的随机因素的干扰。这些干扰也可能导致财政政策达不到预期效果。

四是"挤出效应"的存在。政府增加支出，会挤掉部分私人投资，从而使扩张性财政政策刺激经济的作用被减弱。

三、赤字财政政策与公债

（一）凯恩斯主义经济学家主张运用赤字财政政策的理由

（1）经济萧条时期，财政政策是：增加政府支出，减少政府税收，这样就必然出现财政赤字。凯恩斯认为，财政政策应该为实现充分就业服务，因此必须放弃财政收支平衡的旧信条，实行赤字财政政策。

（2）凯恩斯主义经济学家认为，赤字财政政策不仅是必要的，而且是可能的。这是因为：第一，债务人是国家，债权人是公众。国家与公众的根本利益是一致的。第二，政府的政权是稳定的。这就保证了债务的偿还是有保证的，不会引起信用危机。第三，债务用于发展经济,这样就使政府有能力偿还债务,弥补赤字。

(3)政府实行赤字财政政策是通过发行公债来进行的。公债直接卖给中央银行,而不是直接卖给公众。

(二)公债政策

公债(national debt)是指政府的举债行为。政府公债政策的益处有:

(1)有利于政治上的稳定。

(2)有助于将受益者和纳税人联系在一起。公路、学校等,受益者可能要分布或延续到几代人中去,如果采用大量征税的办法来支付这些建设项目的费用,这样就把整个费用重担都压到项目建设时期的纳税人身上,真正的或大多数的受益者反而没有负担任何费用。如果采用举债的办法,可在短期内筹措大量资金,使公共项目尽快上马,然后再从税收中将这些资金收回来,使这些项目所需资金更多地负担到它的受益人身上。

(3)有助于刺激经济。增加税收,公众的收入降低,会对经济产生紧缩的作用。而公债与税收不同,它是政府暂时将公众手中的部分钱借走,对经济是有刺激作用的。

第二节 货币政策

一、凯恩斯主义的货币政策

(一)货币政策

货币政策(Monetary P0licy)是指中央银行通过控制货币供给量来调节利率进而影响投资和整个经济以达到一定经济目标的

经济政策。

这主要是凯恩斯主义者的观点,其直接目标是利率,最终目标是总需求变动。其与财政政策的不同在于:财政政策直接影响社会总需求的规模,中间不需要任何变量;而货币政策则通过货币当局货币供给量的变化来调节利率进而间接地调节总需求,因而它是间接地发挥作用的。

(二)货币政策的工具

中央银行的主要作用是控制整个经济中的名义货币供给量。在许多国家和地区的市场经济中,中央银行并不直接控制M1,也不直接控制信贷规模,而是通过货币政策工具来进行。中央银行的货币政策工具包括:

1. 公开市场业务

公开市场业务(Open MarketOperations)是指中央银行在金融市场上公开买卖政府债券,以控制货币供给和利率的政策行为,是目前各国中央银行控制货币供给量最重要也是最常用的工具。

公开市场业务优点有:

(1)灵活性。公开市场业务可以按任何规模进行,中央银行既可以大量也可以小量买卖政府债券,使货币供给量发生较大的或迅速的变化。

(2)主动性。在公开市场业务中,中央银行可根据经济情况的需要自由决定有价证券的数量、时间和方向,即使有时会出现某些政策失误,也可以及时纠正。

(3)前瞻性。一旦买进或卖出计算出货币供给量增加或减少了多少。

2. 调整再贴现率

定数量金额的证券,就可以根据货币乘数估再贴现率(Rediscount rate)是指商业银行向中央银行贷款时的利率。

再贴现率的作用体现在以下两个方面。

首先,再贴现率是商业银行从中央银行贷款的成本。若中央银行感到市场上银根紧缩,货币供给量不足时,便可以降低再贴现率,这会促使商业银行增加向中央银行的贷款,从而使商业银行的准备金及可贷出去的现金增加,通过货币乘数的作用使整个社会货币供给量倍数增加。若市场上银根松弛,货币供给量过多,中央银行可以提高再贴现率,这会促使商业银行减少向中央银行的贷款,于是商业银行的准备金及可贷出去的现金也减少,通过货币乘数的作用,社会上的货币供给量将倍数减少。

其次,再贴现率是中央银行货币政策的公告牌和晴雨表。它显示了货币政策的走势。因此,商业银行的利率将随着再贴现率的升降而升降。

中央银行调整贴现率对货币供给量的影响不是很大,实际上中央银行调整贴现率更多地是表达自己的意图,而不是发挥调整贴现率对货币供给量的直接影响。

3. 调整法定存款准备金率

由于商业银行的储备—活期存款比率大体相当于法定准备金率,因而法定准备金率的变动将导致商业银行储备—活期存款比率的同方向变动,以及货币乘数的反方向变动,从而影响货币供给量。

在经济萧条时,为刺激经济的复苏,中央银行可以降低法定准备金率。在商业银行不保留超额储备的条件下,法定准备金率的下降将给商业银行带来多余的储备,使它们得以增加贷款。

这样，商业银行的存款和贷款将发生一轮一轮的增加，导致货币供给量的增加。货币供给量的增加又会降低利率，从而刺激投资的增加，最终引起国民收入水平的倍数增加。

在经济过热时，中央银行可用提高法定准备金率的方法减少货币供给，以抑制投资的增长，减轻通货膨胀的压力。

除了上述三种调节货币供给量的主要工具外，中央银行还有其他一些次要的货币政策工具，如道义上的劝告、控制利息率的上限以及窗口指导等。

(三)货币政策的运用

(1)在经济萧条时，总需求小于总供给，为了刺激总需求，就要采用扩张性的货币政策。即在公开市场买进有价证券，降低贴现率并放松贴现条件，降低准备金率等。扩张性货币政策可以提高货币供给量，降低利息率，刺激总需求增长。

(2)在经济繁荣时，总需求大于总供给，为了抑制总需求，就要采用紧缩性的货币政策。即在公开市场卖出有价证券，提高贴现率并严格贴现条件，提高准备金率等。紧缩性的货币政策可以减少货币供给量，提高利息率，抑制总需求增长。

二、货币主义的货币政策

货币学派在理论上和政策主张方面，强调货币供应量的变动是引起经济活动和物价水平发生变动的根本的和起支配作用的原因。

该理论反对凯恩斯主义的宏观经济理论，主张全面恢复新古典经济学的传统。货币学派的代表人物弗里德曼强烈反对国家干预经济，主张实行一种"单一规则"的货币政策。即把货币存量作为唯一的政策工具,由政府公开宣布一个在长期内固定不变的货币增长率。这个增长率(如每年增加3%~5%)应该是在保证物价水平稳定不变的条件下,与预计的实际国民收入在长期内的平均增长率保持一致。

第三节 财政与货币政策的混合

一、宏观经济政策的选择

究竟选择哪一种政策更有利呢,这涉及许多因素。下面以扩张性财政政策与扩张性货币政策为例,通过分析两者对社会经济产生的不同影响来说明这一问题。

由于不同的政策对社会总需求的影响不同,因此决策者在决定选择哪种政策时,首先要考虑产生社会总需求不足的主要原因是什么,然后对症下药,以促使经济回升。

二、财政政策与货币政策的效力

宏观经济政策的理论基础是凯恩斯主义经济学的总需求决定国民收入的理论,即 IS-LM 模型。该模型说明了商品市场和货币市场同时达到均衡时利息率和国民收入是如何决定的,并且指出了模型中的 IS 曲线和 LM 曲线的位置变动会对均衡的利息率水平和国民收入水平产生何种影响。该模型是分析财政政策和货币政策效应的工具,以下运用 LS-LM 模型分析财政政策和货币政策的效力以及两者混合使用的效应。

(一) 财政政策的效力

财政政策的效力是指扩张性财政或收缩性财政政策引起的均衡产出增加或减少的大小。增加或减少得大，其效力就强；反之，其效力就弱。在 LS-LM 模型中，财政政策的变化反应在 IS 曲线的移动上。财政政策扩张或收缩的强弱通常用既定斜率曲线在横轴上移动的距离的大小来衡量。在产品市场和货币市场同时均衡的模型中，影响财政政策效力的因素可以归纳为两类，即 IS 曲线的斜率和 LM 曲线的斜率。

1.IS 曲线的斜率

LM 曲线的斜率是相同的，只是 IS 曲线的斜率不同。

对于相同的财政扩张，这两种情况下的均衡国民收入的变动量不同。可见，对于既定的正常 LM 曲线，IS 曲线越平缓，扩张性财政政策引起的均衡收入增加越小，财政政策的效力越小；IS 曲线越陡峭，扩张性财政政策引起的均衡收入增加越多，财政政策的效力越大。其经济含义可以解释为：如果 IS 曲线越平缓，投资需求的利率弹性绝对值越大，当扩张性财政政策使利率上升时，投资减少得越多，即挤出效应越大，均衡国民收入增加得越少。反之，如果 IS 曲线越陡峭，投资需求的利率弹性绝对值越小，当扩张性财政政策使利率上升时，投资减少得越少，即挤出效应越小，均衡国民收入增加得越多。

2.LM 曲线的斜率

IS 曲线的斜率是相同的，只是 LM 曲线的斜率不同，对于相同的财政扩张，这两种情况下的均衡国民收入的变动量不同。可见，对于既定的正常 IS 曲线，LM 曲线越平缓，扩张性财政政策引起的均衡国民收入增加越多，财政政策的效力越强；LM 曲线越陡峭，扩张性财政政策引起的均衡国民收入增加越少，财政政策的效力越弱。

LM 曲线斜率的不同可能有两种基本的原因：

第一，货币需求的利率弹性相同，但是货币需求的国民收入弹性不同。

第二，货币需求的国民收入弹性相同，但是货币需求利率弹性不同。

因此，上述结论的经济含义可以从两方面来解释：

第一，货币需求的利率弹性相同，但是货币需求的国民收入弹性不同。在这种情况下，LM 曲线越平缓，货币需求的收入弹性就越小。当政府实施扩张性财政政策时，随着国民收入的增加，交易性和预防性货币需求增加得较少。在货币供给为既定的前提下，这意味着不需要为了大量减少投机性货币需求而大幅度提高利率。而利率上升幅度小，又意味着投资减少得不多。结果，均衡国民收入增加得较多，也就是财政政策的效力较强。

第二，货币需求的收入弹性相同，但是货币需求的利率弹性不同。在这种情况下，LM 曲线越陡峭，货币需求的利率弹性（绝对值）就越小。当政府实施扩张性财政政策时，随着国民收入的增加，交易性和预防性货币需求增加。在货币供给为既定的前提下，投机性货币需求应该相应减少。但由于货币需求的利率弹性较小，为减少特定数量的投机性货币需求，利率上升的幅度较大。而利率上升幅度大，又意味着投资减少得较多。结果，均衡国民收入增加得较少，也就是财政政策的效力较弱。

（二）货币政策的效力

货币政策效力是指一定的货币扩张或收缩政策引起的均衡

国民收入增加或减少。增加或减少的幅度大，货币政策的效力就强；反之，其效力就弱。在 IS-LM 模型中，货币政策的扩张或收缩反映在 LM 曲线的移动上。货币政策的扩张或收缩的强弱通常用既定斜率的 LM 曲线在横轴上移动的距离来衡量。在产品市场和货币市场同时均衡模型中，影响货币政策的效力的因素也可以归纳为两类，即 IS 曲线的斜率和 LM 曲线的斜率。

1.IS 曲线的斜率

LM 曲线的斜率是相同的，只是 IS 曲线的斜率不同。

对于相同的货币扩张，这两种情况下的均衡国民收入的变动量不同。对于既定的正常 LM 曲线，IS 曲线越平缓，扩张性货币政策引起的均衡国民收入增加得越多，货币政策的效力越强；IS 曲线越陡峭，扩张性货币政策引起的均衡收入增加得越少，货币政策的效力越弱。

假定基于可支配收入的边际储蓄倾向是相同的，那么 IS 曲线斜率的差异就源于投资需求的利率弹性的不同。上述结论的经济含义为：IS 曲线越平缓，投资需求的利率弹性（绝对值）就越大。当中央银行实施扩张性的货币政策时，随着利率的下降，投资需求增加得比较多，均衡国民收入增加得也就较多，即货币政策的效力比较强。反之，IS 曲线越陡峭，投资需求的利率弹性（绝对值）就越小。当中央银行实施扩张性的货币政策时，随着利率的下降，投资需求增加得较少，均衡国民收入增加得也就较少，也就是货币政策的效力较弱。

2.LM 曲线的斜率

IS 曲线的斜率是相同的，只是 LM 曲线的斜率不同。

对于相同的货币扩张，这两种情况下的均衡国民收入的变动量不同。对于既定的正常 IS 曲线，LM 曲线越平缓，扩张性货币政策引起的均衡国民收入增加得越少,货币政策的效力越弱;LM曲线越陡峭,扩张性货币政策引起的均衡收入增加得越多,货币政策的效力越强。

需要指出的是,在 LM 曲线斜率相同的情况下,对于一定的货币政策变动,用 LM 曲线在横轴上移动的距离或者在纵轴上移动的距离来反映货币政策扩张或收缩的强弱是可行的。

(三)极端凯恩斯主义情况与古典情况

极端凯恩斯主义基于凯恩斯陷阱存在的假设,其认为 LM 曲线平行于横轴。因此,财政政策有很好地促进经济稳定的功能,而货币政策缺乏稳定经济的作用。而货币主义者基于货币需求的利率弹性为零的假设,认为货币需求仅仅包括交易性需求和预防性需求,LM 曲线是一条垂直于横轴的线。因此,我们认为货币政策有很好地促进经济稳定的功能,而财政政策缺乏稳定经济的作用。

LM 曲线可以呈现水平、递增和垂直三种形式,相应地可以划分为凯恩斯区域(萧条区域)、中间区域和古典主义区域。在 LM 曲线的不同区域,财政政策和货币政策的有效性有着很大的不同。在凯恩斯区域,IS 的变动对国民收入的影响最大,而 LM 的变动对国民收入没有影响,因而财政政策有效,货币政策无效;在古典主义区域,IS 的变动只影响利息率,不影响均衡国民收入,而 LM 的变动则对国民收入产生最大影响,因而货币政策有效,财政政策无效;在中间区域,财政政策和货币政策都影响均衡国民收入和利息率,财政政策和货币政策均有效。

一般观点认为,财政政策更像一匹能拉车前进却不能拉车倒退的马儿。经济较热通货膨胀较高时,人们对经济前景普遍看好，即使采取增税或削减政府支出，私人消费和投资需求仍旺盛，因而紧缩财政的效果较差，只有靠紧缩的货币政策才会对抑制总需求从而降低通过膨胀率有明显效果。而在经济不景气时，扩张的货币政策对刺激经济效果甚微，主要靠扩张财政的政策才能拉动经济走出低谷或衰退。

三、两种政策的混合使用

由于财政政策和货币政策会对国民收入和利率及总需求结构产生不同的影响，因此调节总需求时，常常需要把两种政策搭配起来使用。财政政策和货币政策搭配方式不同，产生的政策效果不同，适用的经济环境也不同。

（1）当经济萧条时，可以采取"双扩张"组合，这样能更有力地刺激经济。扩张性财政政策使总需求增加，但提高了利率水平；而采用扩张性货币政策就可以抑制利率的上升，以消除或减少扩张性财政政策的挤出效应，使总需求增加。

（2）当经济出现严重通货膨胀时，可实行"双紧"组合，即采用紧缩性财政政策与紧缩性货币政策来降低需求，控制通货膨胀。一方面，采用紧缩性的财政政策，从需求方面抑制了通货膨胀；另一方面采用紧缩性货币政策，从货币供给量方面控制通货膨胀。由于紧缩性财政政策在抑制总需求的同时会使利率下降，而紧缩性货币政策会使利率上升，从而减少利率下降对总需求刺激的作用。

（3）当经济萧条但又不太严重时，可采用扩张性财政政策与紧缩性货币政策相混合。这样在刺激总需求的同时又能抑制通货膨胀，这种混合的结果往往是对增加总需求的作用不确定，但却使利率上升。

(4)当经济出现通货膨胀又不太严重时,可采用紧缩财政政策与扩张性货币政策相配合。一方面用紧缩性财政政策压缩总需求;另一方面用扩张性货币政策降低利率,刺激投资,以免财政过度紧缩而引起衰退。

同时,财政政策与货币政策的混合选择,不仅取决于经济因素,而且还取决于政治等因素。因此,政府在做出混合选择时,必须统筹兼顾,充分考虑各方面的利益。

第四节 宏观调控下的财政政策和货币政策的关系

从财政政策和货币政策的地位来看,宏观调控实践可划分为三个阶段:第一,强调财政政策的阶段,此时凯恩斯主义学派的观点较为盛行;第二,强调货币政策的阶段,此时主流地位的宏观经济学是以弗里德曼为代表的货币学派;第三,注重财政政策和货币政策配合使用阶段。近些年来,西方发达国家不再强调单一的财政政策调控或单一的货币政策调控,而是认为两者的配合运用才能实现经济的平稳增长,对通货膨胀和通货紧缩的抑制才能取得较好的效果。

一方面,财政政策与货币政策是两种完全不同的独立政策,泾渭分明,央行不能为财政兜底,财政不得向银行透支;另一方面,财政政策和货币政策有许多共同点,两者发挥作用的基础都是货币的运动,即通过作用于市场上的货币供应状况而影响社会资本总供求,体现政府调控意图。

这就决定了两大调控体系必须协调配合,政策效应必须"内洽"，至少不相矛盾，从而实现"1+1>2"的目标。

一、财政政策和货币政策之间的区别

财政政策和货币政策之间也存在着许多区别：第一，货币政策具有有偿性和一视同仁的特点，财政政策具有无偿性和强制性的特点。第二，货币政策主要调控经济总量，财政政策除调控经济总量外，还调控经济结构。财政政策可以通过调整财政支出来影响经济结构。第三，货币政策偏重效率优先，财政政策偏重社会公平。第四，货币政策时滞性短，对经济情况反映较为灵敏，财政政策时滞性长，对经济情况变化反应迟钝。所谓政策时滞，即从认识到经济问题，要采取政策到政策发生作用之间的时间间隔。这种时滞分为做出决策的内在时滞与政策发生作用所需要的外在时滞。一般来说，财政政策小于决策过程时间长，内在时滞也长，但一旦做出决策并付诸实施可以立即发生作用。一般来说，财政政策决策过程时间长，内在时滞也长，但一旦做出决策并付诸实施可以立即发生作用，外在时滞短；货币政策由中央银行独立做出决策，内在时滞短，但它通过利率发生作用，一般需要在决策后6~9个月才能生效，外在时滞长。任何一种宏观经济政策都有时滞，这就使反馈规则无法起到比有的作用，甚至会起到加剧不稳定的作用。第五，宏观经济过热、需求过旺、需要压缩需求时，运用货币政策比较明显，对经济增长速度影响较为直接显著；当经济不景气、需求不足、要拉动需求时，财政政策能较快地直接地扩大社会总需求。货币政策治理通胀强效应，治理通缩弱效应；相反，财政政策治理通胀弱效应，治理通缩强效应。第六，在实行资本自由流动的开放经济中，货币政策对经济的影响大于财政政策；在实行固定汇率和限制资本流动的封闭经济中，财政政策对经济影响大于货币政策。第七，财政政策是从分配环节出发对经济进行调节，而货币政策则是从流通环节出发对经济进行调节。第八，如果说财政政策是直接作用于总需求的政策，那么货币政策是间接作用于总需求政策。第九，国债和税率等财政政策工具的变化，通常以"年"为单位，而利率、公开市场业务操作、窗口指导等货币政策工具的变化可以以年、季、月或周为单位。所以，货币政策的变动频率较大，在年度稳健框架内，可以看出季度、月度的从紧或从松的反方向变化。财政政策变化具有刚性，货币政策变化具有弹性。同时，货币政策面对的不确定性更多，操作难度更大，也更受人关注。第十，由于财政货币政策工具的有效性、对产出构成的影响、影响的范围、执行的灵活性和速度、政策后果的确定性以及非意图的负面作用等方面的使得两种政策具有不同的作用机制、运作特点和局限性。

关于财政政策与货币政策的不同，萨缪尔森曾指出，较多地使用财政政策会使消费和政府开支在国民收入中的比重增加，而较多地使用货币政策能导致私人投资在国民收入中的比重加大。扩张性财政政策可以增加非生产性投资，扩张性货币政策则会提高生产性投资。

二、财政政策和货币政策的作用机制和特点

由于财政、货币政策具有不同的作用机制和特点，它们之间可能会产生三种效应：一是合力效应，即两者的配合可以获得比单一政策调控更大的效果。例如，在经济明显过热时，财政政策通过减少财政支出、增加税收；货币政策通过减少货币量的供应、提高利率，两者相互配合，可以取得较好的合力效应。二是互补效应。由于它们具有不同的作用方向和机制，可以取长补

短。例如，货币政策越来越强调前瞻性，在有潜在的通胀压力时就采取措施。但这有可能会对经济增长造成损害。若在采取紧缩性货币政策的同时，维持或适度扩大财政对公共设施、基础性建设的投资，就可以增强经济持续发展的能力，取得较好的政策效应。再如，当面临投资需求易膨胀，而消费需求却不足时，在采取紧缩性货币政策遏制投资需求的同时，适度扩大转移支付和社会保障支出，就能够兼顾投资与消费。三是矛盾效应，即财政、货币政策产生政策效果的抵消性。例如，当经济出现"滞胀"时，刺激经济增长的财政政策会增加通货膨胀的压力。货币政策在抑制通货膨胀时又会阻碍经济增长。它们之间的配合就是要避免这种现象。可见，在宏观调控中，必须构建一个有效的财政货币政策组合。

货币政策与财政政策之间常常出现冲突：第一，在财政部发行国债的过程中，如果短期内央行紧缩货币政策的力度迅速增加，就会强烈冲击债券市场，导致国债发行成本上升，甚至会流标。第二，在同一个财政年度内，财政收支不会平稳地流入和流出国库单一账户，往往在某段时期出现较大的收入或支出净额。例如，在大量发行国债或税收高峰期，国库就会有巨额的净收款，商业银行的存款和储备就会相应减少，从而引起货币供应量的乘数递减。反之，在财政支出的高峰期，国库会有巨额净付款，商业银行存款和储备就会相应增加，从而引起货币供应量的乘数递增。第三，财政存款的变动不涉及央行资产负债总额的变化，但发生基础货币和财政存款账户之间的调整。财政收支的大起大落，必然影响银行的流动性。如果财政收支不平衡，央行必然会考虑用对冲的工具来平滑波动。从货币供应的角度来看，财政收支格局会造成财政在央行存款的变化，财政在央行存款增加,导致基础货币回笼,这是紧缩货币的效果;财政在央行存款的减少,导致基础货币投放,这是扩张货币的效果。央行的货币政策的操作,不单单看银行体系的流动性,而且也要关注财政存款等对流动性的影响,为了提高货币市场的科学性、前瞻性,应该尽快建立信息对称的沟通平台。

三、财政政策和货币政策的搭配方式

财政政策和货币政策的搭配方式,包括两大政策之间和两大政策内部政策手段的搭配。财政政策和货币政策的搭配方式有三种:一种是双松的财政货币政策;一种是双紧的财政货币政策;还有一种是松紧搭配的财政货币政策。双松的财政货币政策是在社会总需求严重落后于总供给,存在着相当大的通货紧缩缺口时所采用的政策。双紧的财政货币政策是在社会总需求大于总供给而存在巨大的通货膨胀缺口时所采用的政策。

一般来说,在经济中存在通货膨胀,但不太严重,或经济增长较低,但不至于全面衰退的情况下,为实现经济稳定增长,政府应采用松紧搭配的财政货币政策。如果解决通货紧缩问题是主要目标,应以"松"货币政策为主;如果以解决低经济增长或产业结构失调问题为主要政策目标,应以"松"财政政策为主。根据西方经济学的政策搭配理论,应对成本推动型的通胀必须同时实施紧缩性的货币政策和扩张性的财政政策,其中,通过货币政策来抑制通胀,通过财政政策来刺激经济增长。

在难以对主要失衡做出明确判断的条件下,在国民经济不同方面,在宏观经济政策上采取"松紧"搭配的原则,即货币政策紧缩的同时,财政政策采取扩张倾向,或者反之。其关键在于"松紧"的程度选择以及针对不同时期不同领域中结构失衡的特

点选择不同的"松紧"结合方式。

两大政策之间存在掣肘,这方面较为突出的问题是:作用方向不相同的政策被同时使用,从而造成宏观政策操作力度不够,作用程度有限。近几年来,我国财政支出的力度相当大,但货币供给力度小,扩大货币需求的力度不够,使得中央银行存款准备金率及银行贷款利率偏高,限制了企业投资。

从"米德冲突""丁伯根法则"(根据丁伯根法则,为了达到多个目标,就需要有多种政策手段)到"蒙代尔政策搭配说",众多经济学家的努力,大多数验证了"一张一弛,文武之道"的古训。扩张性财政政策的赤字倾向难有得到紧缩性货币政策的中和,方可使实体经济在有刺激之下避免通货膨胀的星火燎原。而紧缩性财政政策的欠缺也只得由扩张的货币政策弥补,才能使得实体经济在财政政策平衡之下远离通货紧缩的泥潭。但"双紧""双松"的同向搭配无论如何都是政策选择人的"刀刃均衡"。当然,相比于过分谨慎的"双紧"搭配,"双松"搭配"强心剂"效应更容易得到政策制定者的偏爱。

为了在两大政策部门的目标之间达成某种平衡,从长远来看,我国应该考虑建立持续性的两大政策磋商机制。例如,设立专门的财政货币政策协调委员会,由财政部、央行、税务总局等部门组成,定期举行会议,交流对宏观经济形势、国债市场、国库存款状况的判断,以及对政策冲突情况进行处理等。

在英国,作为主要的财政和金融政策制定部门,英格兰银行、金融服务局和财政部之间的分工十分明确,并且建立了一种三方会谈机制。英格兰银行提供货币政策的走向,金融服务局提供金融市场的情况,财政部反馈财政政策运行,并且当各方意见无法统一时,由财政大臣进行裁决。

第四章

系统性金融风险的防范

2012年12月召开的中央经济工作会议提出，要高度重视财政金融领域存在的风险隐患，坚决守住不发生系统性和区域性金融风险的底线。2013年12月召开的中央经济工作会议提出，要把控制和化解地方政府性债务风险作为经济工作的重要任务。2018年"两会"期间，国务院总理李克强在人民大会堂三楼金色大厅会见中外记者并回答记者提出的问题。李克强表示，中国有能力防范、也不会出现系统性金融风险。李克强总理提到，金融领域也有一些违法违规行为或者规避风险的行为在兴风作浪。最近监管部门主动出手、果断处理，就是要让这些点状的风险不扩散，该戳的"脓包"还是要戳，否则也有道德风险。"在处理的过程中，我们也注意保护消费者的合法权益，积累了经验。未来有类似的问题出现，我们还会坚决地处置。"这次机构改革把银监会和保监会合并，也是要防止规避监管的行为发生。"对于非法集资，政府会保持打击的力度，这里我也想说一句话，投资者千万不要听信那些非法集资者编造的竹篮子也可以打一筐水的神话。"

第一节　防范风险的货币政策

2018年的新格局不仅仅是增长的新格局、发展的新格局、外交的新格局，也是宏观调控方式的新格局。在宏观调控当中，最重要的调控政策之一就是货币政策。在全球金融危机之后，货币政策在理论和实践上都进行了新的探索。这些新探索正在逐渐形成新的货币政策框架。展望2018年的国际经济金融形势，可能要通过新的视角去观察。这个视角的关键点在于如何防范金融风险，落脚点在于如何通过货币政策防范金融风险。在金融危机之前，公众认为中央银行从货币政策角度防范金融风险的最佳策略是"事前忽视，事后补救"。这个观点源于格林斯潘1987年的成功经验。1987年的股灾，事前没有预料到，发生之后，格林斯潘领导的美联储投放流动性，结果美国股市奇迹般地回升了，经济也出现好转。这给当时的格林斯潘以及中央银行家们一个经验，即中央银行不需要去关注金融市场的变化，一旦出现了危机，只要央行投放流动性就可以补救。

但是，这次全球金融危机给了各国央行一个重大教训，危机造成了长达约十年的产出损失，以及接近通缩的状态。中央银行该怎样去面对金融风险？怎样防范金融风险？笔者认为，通过学术上的进展，包括在一般均衡理论框架中引入金融因素的尝试，以及最近几年特别是2017年以来美联储等中央银行和国际清算银行等国际金融机构的探索，已经形成了货币政策新框架的雏形。货币政策新框架在防范金融风险上主要体现在四个方面。

一、货币政策目标要考虑金融周期防范

危机发生前，学术界讨论比较多的是货币政策与资产价格的关系。现在讨论的话题已经不仅仅局限于资产价格了，而是货币政策目标要考虑更广泛的金融周期。因为资产价格毕竟只是表象，是金融周期的体现。金融周期的背后是什么？是银行的信贷，或者说广义信贷的扩张。资产泡沫的背后是银行的过度借贷，而过度借贷往往又是由超低利率引起的。从这个角度来看，

金融周期是经济金融体系内生的,和货币政策有密切的关系。

从历史上看,中央银行的目标是与时俱进的。世界上第一家中央银行是1694年成立的英格兰银行。其当时的目标主要是为了支持英国国王发行国债进行战争,并不是防范或治理通货膨胀。1913年美联储成立,其主要目标是作为最后贷款人防止银行危机。中央银行真正以控制通胀为主要目标是20世纪六七十年代的事。当时,美国的越战以及石油危机把世界带入了一个高通胀时代。这次国际金融危机给了大家一个深刻的教训,即金融周期对经济金融有重大影响。因此,中央银行的目标关注金融周期也是合理的。金融周期并不仅仅是指资产价格,其背后是银行的借贷行为,以及影响这种借贷行为的利率。从这个意义来说,货币政策可以对金融周期进行调控。危机之后,各国中央银行为防范系统性金融风险,对宏观审慎政策框架进行了探索,其核心是控制杠杆率,这是因为:凡是大规模的资产泡沫,其背后都有高杠杆的问题。宏观审慎政策对于防范系统性金融风险来说是非常必要的,但仅仅控制杠杆率还不足以应对金融周期。假如利率长期处于低位,即使通过宏观审慎的政策手段,乃至微观审慎的手段,试图去控制杠杆率和冒险行为,其效果可能也是事倍功半。所以,从这个意义来说,宏观审慎政策应当和货币政策共同应对金融周期。

二、货币政策工具更应关注长期利率

危机发生以来,发达经济体货币当局采取了很多非常规的货币政策工具,主要是量化宽松货币政策。最近,美联储又开始缩表。不论是量化宽松货币政策,还是与之成镜像关系的缩表,其目标不仅仅是为了提供或收回流动性,背后都是出于调控长期利率。过去支持中央银行只调节短期利率的理论基础，是利率的期限结构理论。该理论认为，长期利率是由多个短期利率所组成，中央银行的短期利率以及短期利率的变化路径可以决定长期利率。这次危机后，大家发现利率的期限结构理论并不能很好地解释长期利率的变化。特别是随着资产管理行业在全球兴起，长期债券的价格以及背后反映的收益率水平，在很大程度上受到资产管理机构现有头寸和自身投资策略的影响，并不完全基于通胀预期。在这种情况下，中央银行是不是应当调节长期利率？笔者认为，美联储此次缩表就意在提高长期利率。因为危机之前美联储的资产负债表规模在4.5万亿美元左右，按照现在市场的估计，其可能缩表的最终目标是下调到3万亿美元，距离危机前的不到1万亿美元的水平还相差很远。因此，其真正目的可能还是为了提高长期利率，以避免此次危机之前格林斯潘的教训。

当时，美联储应当也实际看到了金融风险的存在，并多次提高短期联邦基金利率；但由于所谓的"格林斯潘之谜"，长期利率不升反降。事后，业界认为，长期利率过低是导致金融危机爆发的一个重要原因，长期借贷的利率对于防范金融周期的风险也必较重要。既然如此，中央银行就不应当仅仅调控短期利率，也应该调控长期利率。其体现的方式可能就是中央银行资产负债表的变化，其背后是对整个收益率曲线的调控。

三、风险承担渠道成为新的货币政策传导机制

货币政策的传导有很多渠道，危机之后，从学术界和中央银行的角度看，大家更关心的新的传导机制是风险承担渠道。银行实际上是很特殊的机构。因为银行背后有政府显性或者隐性的担保，而且采取了有限责任公司的公司治理结构，所以银行天然

具有冒险倾向。如果中央银行长期保持低利率水平，就会鼓励银行的冒险行为，并且其还可能会与中央银行的货币政策形成博弈。这也就是说，如果市场预期到中央银行在金融市场受到压力就会降低利率，反而会鼓励一些银行，特别是一些高杠杆的银行过度承担风险，从而提高风险或者危机发生的概率。从这个意义来说，中央银行的货币政策应当抑制银行的冒险行为，不能营造实际利率长期处于低位的预期，防止市场通过过度的冒险行为倒逼中央银行继续维持低利率。货币政策应当保持在金融稳定方面的公信力。

四、加强货币政策的国际协调

理论上已经证明，货币政策的国际协调能够提高双方的福利，而不仅仅是一方的福利。从防范风险的角度看，货币政策的国际协调有利于防范跨境资金流动的风险。怎样去防范这种风险？一方面需要提高汇率的灵活性；另一方面也需要对资本流动进行宏观审慎管理。但即使这两个方面加在一起，也仍不足以完全应对跨境资本流动的风险，还需要第三个支柱，即货币政策的国际协调。特别是在当前全球经济同步复苏的背景下，发达经济体启动了货币政策正常化的进程，新兴经济体也应当启动货币政策正常化的进程，这样才可能保持整个全球宏观经济金融运行的平衡。货币政策框架在上述四个方面的转变仍在探索过程之中，在理论和实践上还有很多问题需要研究探讨。基于这个理念，我们就可以理解为什么美联储在通胀并不是很明显的情况下坚决加息。尽管劳动力市场的紧缺最终会传导至通货膨胀，但传导过程有一个时滞。在这个时滞当中，中央银行需要提高利率以防范银行的过度风险承担行为。从这个意义来说，笔者认为，2018年，无论是美联储,还是其他发达经济体的中央银行,货币政策正常化的步伐都会加快。新兴经济体也应当逐步撤出当初应对危机的宽松货币政策措施,启动货币政策的正常化进程。

第二节 防范风险的财政政策

金融风险是指金融交易过程中因各种不确定性因素而导致损失的可能性。从层次论来分析,可将其分为宏观金融风险和微观金融风险尽管二者有广泛的联系。但这两者在主体、形成机理、经济社会影响以及风险管理等方面都有区别。宏观金融风险的主体是国家,或者说是整个社会公众,而微观金融风险的主体是金融机构。风险承受主体的不同,也就决定了二者具有不同的性质及其应对方式。宏观金融风险属于公共风险,无疑地需要政府来承担相应的责任;微观金融风险属于个体风险,自然要让市场主体来防范和化解。我们在讨论金融风险时,长期以来未做这种区分,以致对金融风险防范的责任边界十分模糊,甚至出现"错位",把政府的责任交给了市场主体,而本属于市场主体的责任却又由政府揽过来,给出了错误的信号,从而引发逆向选择。

自1997年东南亚金融危机以来,我国政府对金融风险的防范十分重视,但由于上述原因,成效并不理想。本书正是由现实中的问题而导出了金融风险的层次论,并据此来展开分析。微观金融风险的分析很多,如利率风险、汇率风险、信用风险、流动性风险等都有相对比较成熟的工具和方法,由于都是市场领域的风险,西方金融机构的许多做法都值得我们借鉴。

一、壮大国家财政实力

壮大国家财政实力本身就是化解宏观金融风险的有效手段。"打铁需要自身硬"，国家财政实力雄厚，就会在较早时间内克服金融风险的冲击。反之，财政脆弱，防范和应对金融风险和危机的能力就会大打折扣。危机发生后，泰国和韩国应对金融危机的重要措施就是积极启动财政手段，包括采取赤字开支、大规模减税、向遭受沉重打击的金融部门注入公共资金等手段，有效地克服了危机，恢复了经济发展。危机爆发后，由于韩国的财政实力明显大于泰国，韩国政府财政有能力实施大规模的救助措施，不良贷款的消化速度较快，结构重组的成效较为显著。相反，泰国的财政能力相对不足，因此在危机爆发后，尽管政府财政倾力相助，但仍然缺乏回旋余地，难以经受冲击，不得不加大依赖国外资金的力度，进一步丧失了主动性。因此，建立"稳固、平衡和强大的国家财政"，既是防范宏观金融风险的前提条件，也是我国政府能够从容应对经济衰退或危机的有效手段。

二、健全的赤字和债务管理

健全的赤字和债务管理是防范金融风险的必要条件。财政赤字和财政债务的扩张会威胁金融稳定。对财政赤字与货币危机的经典解释是克鲁格曼1979年提出的国际收支危机模型。他认为，一国赤字过多，会使货币当局不顾外汇储备，无限制地发行纸币，为维持固定汇率制，货币当局又会无限制抛出外汇直至外汇储备消耗殆尽，投资者在获取充分的市场信息，进行理性决策后会使货币制度崩溃，引发货币危机。

东南亚国家在1997~1998年金融危机爆发之前，财政保持了盈余，有学者因此认为"财政赤字"与货币危机无关。这一论点其实值得推敲。问题的关键是如何认识"财政赤字"。Daniel、Davis 和 Wolfe（1997）的研究发现，许多国家未将现金支付纳入预算内，而且在现金支付和财政对银行提供援助之间有很长的时滞。通过使用"扩展的财政赤字"这一概念，可将主要的可量化的财政成本纳入当期预算内以消除这种时滞。Homi 等则提出了"扩展的财政赤字"的局限性，比如不能反映未来宏观经济状况变化对财政的影响、赤字计算方法是基于政府总负债而不是净负债、赤字度量方法未能将政府总（显现）负债变动的政府支出包括进来。在此基础上，他们将赤字分为流量赤字和存量赤字（债务），并提出了"精算的预算赤字"概念，其得出的结论是：货币危机在统计上更显著地与精算的预算赤字相关。

Homi 等的发现具有重大的现实意义，即为了防止潜在的货币危机（宏观金融风险的一种），政府必须关注其全口径的财政赤字，有效监控政府债务，包括主权外债和其他形式的负债（包括或有负债）。

三、借鉴国外经验

借鉴国外经验，运用多种财政措施防治宏观金融风险。国外政府防范宏观金融风险的方式多种多样，有财政注资、国有资产拍卖、债转股、财政担保和财政贴息、税收优惠等。美国政府还采用周转金制度，让出部分财政资金作为金融部门的周转，财政周转资金的利率较市场利率要低，在经过一段时期后政府再收回本金。新加坡动用外汇储备，向金融系统注入资本。国外政府在防范宏观金融风险方面的一些做法，对我国有一定的借鉴意义。

从各国的实际情况来看，金融机构和银行的重组都需要财政予以支持。其典型事例有：1992年底，匈牙利将商业银行的400亿福林呆账卖给匈牙利投资开发银行，由开发银行重新安排债权，将其转为股权或进行核销，其余的呆账款将通过20年的国债形式转给商业银行，并以支付市场利率弥补。政府为了减轻一些国有公司的财务负担，对12家国有工业公司的债务进行豁免或重组，购买了某些未列入贷款调整计划的国有企业债权，以及从银行手里购买因自然灾害丧失偿还能力的一些农业企业的债权。在调整国有公司负债方面，政府提供了570亿福林的政府债券。20世纪80年代末，美国国会拨款1300亿美元给重组信托公司（RTC），解决了800多家储蓄贷款机构在破产关闭后的债务偿还问题；日本政府计划在近3年出资3200亿美元解决银行业的重组，主要用于冲销坏账，注资有问题商业银行和扩大存款保险；1997年以来，韩国、印度尼西亚、泰国在解决银行破产、冲销坏账方面也动用了大量预算资金。

自20世纪90年代以来，为应对宏观金融风险，我国采取了多种措施，其中财政性措施最为明显，如注资、财务支持或促进债转股等。政府在今后也要根据形势的发展，将系统地、有选择性地、具有一定前瞻性地运用若干财政措施来防范宏观金融风险，并防止金融系统对政府财政的过度依赖。

四、把宏观金融风险纳入财政风险管理框架

宏观金融风险与微观层面上的金融风险最大的不同之处在于，前者对社会的辐射面和影响较大，因而本质上属于公共风险，理应纳入财政风险管理框架。由于财政风险管理的内容和因素较多，政府财政部门又不可能像过去那样拘泥于仅以个案方式

来处理金融事件，而应更多地考虑宏观金融风险对财政总体状况的影响。相应地，财政部门对金融的管理模式也要进行革新，即从国有银行的财务管理提升为对整个金融体系的宏观风险管理，并从动态上监控金融风险向财政的转化。

五、制定防治宏观金融风险和金融危机的应急预案

考虑到宏观金融风险和金融危机可能向财政的转化以及对财政预算的冲击，有必要在我国建立公共财政的应急预案机制（或者叫作财政的应急计划）。显然，建立这种预案的目的是强调对宏观金融风险的前瞻性研究，防止过去那种只有等到宏观金融风险或金融危机到来时才仓促出台应对措施，最大限度地避免头痛医头、脚痛医脚的被动局面，减少财政应急措施的成本，增强实施宏观调控的效率。宏观金融风险和金融危机的应急预案内容包括可能的突发性支出和应急的收入来源，可能的财政应急措施，如担保、变卖国有资产、征税、中央或地方财政直接或间接地承担金融损失、发行国债和国外主权债务、动用外汇储备等。从形式上看，它与滚动预算相似——每年编制，滚动修改，但其侧重点不同。前者侧重于可能的危机状态的预算编制，后者侧重于通常状态下各公共支出项目在各年度之间的衔接。

应该说，应急预案是对平时滚动预算的一种补充。与公共财政的其他应急预案相同的是，宏观金融风险防范的预案应综合考虑多种因素，如经济运行、社会制度，等等。其不同之处在于，这种预案所涉及的财政资源通常较大。2003年爆发的"非典"危机，中央和地方财政也只不过拿出100多亿元；而要应对宏观金融风险所需的资金将是千亿元级。从某种程度上讲，关于宏观金融风险的应急预案应是整个财政应急预案的主要内容，宜

及早深入研究和谨慎评估。

第三节 防范风险的宏观审慎政策

全球金融危机引发了国际社会对金融监管体制的深刻反思，要维护金融体系稳定，迫切需要加强和完善宏观审慎管理。

2008年，始于华尔街的金融危机为各国提供了检视和重塑金融监管体制的契机。许多国家的金融监管当局已经或者正在尝试从金融体系整体而不是从单一金融机构的角度进行监管，这种新的监管思路被称为"宏观审慎管理"。2009年4月，G20伦敦峰会上发表《强化合理监管，提高透明度》的工作报告，报告指出：作为微观审慎监管和市场一体化监管的重要补充，各国要加强宏观审慎管理。至此，宏观审慎管理已成为当今金融监管领域的热门话题。

一、构建逆周期性管理机制

第一，按时间序列与跨行业维度设计宏观审慎管理工具。在经济下行时期，考虑到经济繁荣时期银行可能发生的风险集聚，从而动态地、持续地运用审慎监管指标监管宏观经济的大起大落；在经济上行时期，增加动态拨备和资本要求，约束信贷过度增长，防止资产泡沫的积累，防范和化解风险。

第二，建立逆周期信贷调控机制。要及时推出系统性风险的资本指标、动态拨备、杠杆率和流动性比率。建立健全与新增贷款超常变化相联系的动态拨备和额外资本机制，通过逆周期的资本缓冲，平滑信贷投放、引导货币信贷适度增长，实现总量调节和防范金融风险的有机结合。

二、赋予人民银行担当宏观审慎管理职能

国际货币基金组织和金融稳定理事会明确提出：执行宏观审慎政策应是中央银行的重要职责。各国也把强化中央银行的宏观审慎政策职能作为金融改革的核心。从近期美国、欧盟金融监管的改革来看，其通过改革金融监管的组织架构，赋予中央银行更大的系统性监管职能。在各国的金融改革中，中央银行被赋予了更多监管权力，包括防范系统性风险、维护金融稳定，以及对金融机构的日常监管。国务院"三定"方案已赋予中国人民银行负责全国金融稳定的职责。中国人民银行会同银监会、证监会、保监会建立金融监管协调机制，加强货币政策与监管政策之间以及监管政策、法规之间的协调，防范、化解金融风险，维护金融安全。

三、建立健全宏观审慎管理法律法规和制度

第一，建立宏观审慎管理框架，厘清我国宏观审慎管理与微观审慎监管的职责边界，明确宏观审慎管理的目标、职能设置、组织架构、决策程序与问责方式。加强"一行三会"的监管协调，明确交叉业务监管的职责约束，制定并明确统一监管标准。

第二，探索适合我国宏观审慎管理政策工具、评估工具和评估方法，如逆周期监管工具，包括建立资本金监管机制、建立动态拨备监管机制、不良贷款率监管机制以及激励监管机制等机制，完善我国宏观审慎管理机制。

第三，借鉴国外经验，创新宏观审慎管理理念，将宏观审慎管理与监管实践相结合。尝试在对金融机构的风险监管中采用量化模型，采用对所有受监管金融机构适用的风险评级系统（PAIRS）以及监管跟进措施系统（SOARS）监管模型，及时对金融机构的风险进行识别并采取相应的监管措施，将风险监管理念落实到日常监管措施之中。同时，金融监管手段要注重国际化并不断更新。

第四，建立宏观审慎管理法律制度，完善和重建金融监管法律、法规和规章等。从法律上确立人民银行在宏观审慎管理中的主导性作用，明确人民银行作为金融稳定和金融主权维护者的地位与作用，授权人民银行在国际金融监管协调合作和维护金融主权中的主导作用，授予金融监管机构在必要时适当干预宏观政策的权力，以保证宏观审慎管理目标的实现。

四、建构宏观审慎管理框架，有效防范系统性风险

人民银行行长周小川认为："国际金融危机重大教训之一，是不能只关注单个金融机构或单个行业的风险防范，还必须从系统性角度防范金融风险，而宏观审慎政策正是针对系统性风险的良药。"以下是建构宏观审慎管理框架的方法。

1. 确定宏观审慎管理制度的考量指标。包括投资增速、资本质量和水平、动态拨备、企业资产负债表、房地产市场、资产价格等逆周期监管的重要措施和杠杆指标，以提高金融监管有效性。

2. 建立科学有效的系统性风险测量方法。宏观审慎管理对系统性风险的监测主要有压力测试、宏观审慎指标和早期预警指标等手段。

一是尝试压力测试。压力测试与宏观审慎管理的关系可以表示为通过压力测试的实证手段来判断宏观经济或重要事件的冲击对金融稳健性指标和金融体系的破坏力度，以及评估金融体系承受损失的能力和金融体系的脆弱性程度。

二是研究和开发宏观审慎指标和预警指标体系。宏观审慎指标和预警指标是宏观审慎管理对金融体系进行监测的另外两个重要方法。宏观审慎指标（MPI）是为监测金融体系的系统性风险、勘察金融体系的健康状况而发展的描述性统计方式。预警指标是对金融体系的系统性风险进行量化评估。同时，将金融稳健指标（FSI）作为金融机构的风险信号，加强市场信息基础建设，尝试建立我国的金融稳定模型，构建系统性风险管理和预警机制。

五、构建信息共享机制

建立人民银行与金融监管机构之间的信息共享机制。建立宏观审慎管理共享数据库，建立统一的、独立的、可自动生成统计指标和金融监管指标的金融信息系统，实现信息资源共享。建立信息共享责任约束制度，保障宏观审慎信息共享的质量。建立金融信息畅通交换制度。借鉴国外金融数据库管理经验，建立我国金融监管信息联网管理系统，设计相关非现场金融监管指标。

六、加强国际合作，共同防范系统性风险

第一，加强国际交流合作。金融市场不断发展，金融创新不断增加，不同市场之间的联系日益紧密。系统性风险突出表现为"跨行业"和"跨时间"两个方面。所以，必须加强国际间宏观审

慎管理合作，共同防范金融跨市场、跨领域、跨国界发展的潜藏的系统性风险。

第二，加强国际组织监管合作，制定全球监管最低标准。加强国际金融稳定合作，防控大规模国际资本套利引发的金融风险，最大限度地维护自身利益。

第四节 金融与财政联动防范风险

在现代经济体系中，金融与经济相互紧密地联系，一旦爆发系统性金融风险，就会对经济发展造成巨大危害，几次爆发的金融危机都充分证明了这一点。因此，防范系统性金融风险，不能单从金融方面来防范。从金融与财政联动角度防范系统性金融风险，是基于以下三点：第一，财政风险和金融风险在导因和危害上的相关转化性；第二，系统性金融风险来源复杂，同时存在于宏观层面和微观层面的财政金融风险中；第三，金融或财政单一角度防范系统性金融风险具有局限性和失效性，且两者各有优劣势。采取金融与财政联动防范系统性金融风险，也是为了突出政府在系统性风险防范中的作用。政府不是每次金融危机爆发后的"买单者"，而应发挥其在防范金融风险方面的积极主动作用，发挥其在社会管理上的行政优势，必要时采取措施，比如加强问题企业个体违规违法的惩治力度。另外，政府要先建立风险应急机制，在金融风险爆发的第一时间，快速处置问题金融机构，防止其扩散，变事后处理为主动应对。

一、防范系统性金融风险的重点诱发因素

金融与财政联动防范系统性金融风险，首先要做好基本的系统性风险防范和管理，比如控制好社会投资规模和资产负债率，以及保持资金适度流动性。在社会投资过热过高的情况下，对于投资收益过低的行业，诸如产能过剩、增长能力低下的制造业，要加强金融上的信贷控制和减少财政政策上的支持，共同防范系统性金融风险的重点诱发因素。

（一）防范房地产泡沫与政府融资平台、影子银行的交叉影响作用

某些方面，既是金融风险的高发诱因，但同时又是财政为保障经济发展所要维护的，比如房地产行业。如果单从金融方面防范房地产泡沫引发的风险，则效果有限，这主要是因为有大量财政资金的投入。房地产泡沫，离不开政府融资平台、影子银行的贡献。因此，需要政府和金融机构双管齐下：一方面，政府应控制对房地产业的投资规模和支持力度，调整经济结构，寻找和培育新的经济增长点；另一方面，金融机构应加强对房地产业、影子银行、政府融资平台风险的排查，控制房地产信贷规模，减少不良资产的产生，延缓房地产泡沫的产生、破裂。

（二）加强影子银行监管

由于影子银行的高杠杆化率、产品复杂多样、运作机制不透明等，以及无牌照、无监管或监管不足等特点，其诱发系统性金融风险的可能性急剧增加。影子银行作为个体，还具有较强的区域性特征，一般经济比较活跃的地区，影子银行规模就比较大，活跃性就比较强。而经济比较活跃的地区，诸如长三角、珠

三角，一般都存在投资过热过高，在债务转化成收益能力减弱时，会造成区域不良贷款率过高的现象，一旦一家企业或商业银行出现问题，会迅速在分支间、机构间、区域间蔓延扩散，尤其是担保圈。金融与财政联动防范影子银行监管，一要发挥政府的监管作用，建立影子银行的法律监管路径和风险应急处置机制。二要在金融方式上控制影子银行信贷规模，完善影子银行的信息披露制度，创新影子银行的信用监管手段，建立影子银行风险补偿和保险机制，降低影子银行风险。完善影子银行的退出机制，切断破产倒闭的影子银行向其他企业、机构蔓延扩散。

(三)防范区域性金融风险演化成系统性风险

现阶段，诱发区域性金融风险的因素主要有地方政府融资平台、影子银行、部分城市房地产泡沫破裂、担保圈风险等，这些都会引发区域性金融风险，在多维度上扩散传播，最终演化成系统性金融风险。防范区域性金融风险最为紧要的是，明晰金融纵向分权，明确中央与地方各分支机构的权限、责任、利益，加强对地方金融风险的监管。不仅如此，还要把地方政府的债务风险分析、评估纳入区域性风险防范体系，对金融市场进行分层管理，防止区域性风险向全国范围扩散。

二、构建系统性金融风险金融财政联动防范体系

金融和财政都是为经济发展而服务的，两者通过不同的方式和手段作用于微观经济个体。基于两者的对象和目的存在一致性的特点，两者可以在工具手段作用方式上互相配合、互为补充。构建金融财政联动防范体系，需明确政府与金融机构的作用和职责，充分利用金融与财政处置风险的优势，协调配合防范系

统性金融风险。

（一）建立财政金融各级主体之间的制度性的协调机制和风险联动防范管理机制

只有建立财政金融各级主体之间的制度性的协调机制，才能提高财政金融联动防范和处置金融风险的及时性和有效性，其目的是为了摆脱政府事后买单的被动局面，提高政府在应对系统性金融风险的主动性和前瞻性。作为金融风险预测、分析、评估和防范的主体，金融机构首先要把能引发系统性金融风险的重要诱因等金融风险动态信息同政府分享，相互配合，动态监控财政风险和金融风险的相关转化，减少财政政策的盲目性和金融风险监管真空。政府财政部门要把系统性金融风险纳入财政风险管理框架中，动态监控金融体系的运行状况，重点防范引发系统性金融风险的各类诱发因素，提前做好应急处置机制。

（二）建立防范系统性金融风险的财政准备金制度

鉴于系统性金融风险的巨大危害，各级政府必须专门设立防范系统性金融风险的财政准备金，以便能对引起系统性金融风险的企业、金融机构提供财政支持，及时化解风险。这就要求建立和完善财政对金融监控的各层级监管部门，尤其是地方金融监管。要增加政府财政实力。在地方政府负债过高的情况下，债务风险使政府应对金融危机的实力有限，心有余而力不足。作为金融风险最后兜底者，政府只有合理管控政府债务规模和做好财政预算，增强自身财政实力，才能增强应对金融危机的有效性。

（三）灵活运用金融与财政处置风险的优势

对于微观个体来说，金融方式属于间接作用，需要通过政策工具、中介目标、传导机制，存在时滞性，而且对结果的有效性并不能保障。因此，在应对突发、紧急风险事件时，可以配合财政方式，利用财政方式的直接作用，提高处置风险的时效性。

在目前金融与财政分权治理模式下，纵向上，财政分权清晰，而金融分权模糊，对于地方金融发展蕴含的风险，中央银行"鞭长莫及"，而地方政府并不具有金融监测、分析、评估、预警、预防职能。因此，此薄弱区可发挥地方政府的金融监管功能，重点防控能引发系统性风险的对象，并督促金融体系的分权完善，必要时，还可进行财政支持。

从长远来说，我国当前的经济问题主要是结构性问题，需求结构和产业结构都是结构调整的主攻点。可利用财政手段直接性、迅速性的特点解决结构性问题，消除结构上诱发系统性金融风险的因素。通过提高直接融资占比，健全现代金融体系和发展多层次资本市场，来解决金融结构的畸形问题，为经济结构调整提供坚实的金融支持。

第五节　新常态下系统性金融风险防范

在经济新常态及互联网金融发展的背景下，金融领域出现了很多此前未见的风险。2015年6至7月，金融市场发生了众所周知的大幅波动，一般认为这是由于资本市场创新工具日益增多、对杠杆工具监管不到位以及市场应对机制不成熟等多重因素共同交织的结果。此外，银行业的不良资产也呈现出不断增加的态势，我国金融体系的脆弱性显现。这给学术界和业界敲响了警钟。因此，厘清系统性金融风险的影响因素，分析金融业系统风险的形成机制，对系统性金融风险进行度量及预警，对于预防金融风险的发生、防范金融风险的传染与扩散具有重要的现实意义。国际上，美国、欧盟等都设立了防范系统性风险的委员会，旨在将金融风险控制在萌芽阶段，预防系统性金融风险传染，维护本国金融系统的稳定性。在任何时期，对系统性金融风险的预警及防范都不能放松。

一、建立综合监管体制

在现阶段，针对中国金融风险的监管制度建设，可以重点从建立有效的综合型监管体制入手。

在全球金融业混业经营的大背景下，尽管我国金融业形式上实行分业经营模式，但在实践中，金融机构采取综合经营多种金融业务的形式，典型的如影子银行业务，混业金融活动的增加不断抬高管理层的监管成本。另外，农民合作社、小额贷款公司、创投基金、互联网金融等新兴金融业态大量涌现，我国的金融体系正在发生较大改变，如银行、信托、证券、基金等金融业务整合的综合金融业务不断增加。针对目前的"一行三会"的分散监管格局，借鉴发达国家的监管经验，应有效地利用作为最后贷款人角色的央行，以确保监管机构金融监管行为的一致性。在改革路径的选择上，可以扩大央行的调控职能或附属机构监管权力范围。

我国应加快金融监管的统一，只有这样，才能防范系统性金融风险，高效服务实体经济。

二、统一制定金融产品监管标准

在分业监管的现实条件下，无论是对市场上的金融产品、各类资管产品所参与的资本运作或者是互联网金融产品以及在执行国家产业政策中，我们都推荐采用穿透监管方法，即银监、证监、保监尽量相互协调，制定对资管产品的统一要求，对各类复杂金融产品嵌套拆包，进行穿透核查，最终统一到央行的统筹监管措施。其目的是为避免资产管理机构利用跨监管层层嵌套的方式，以实现产品的表面合规或规避监管的目的。穿透监管或穿透核查的根本目的在于，识别最终的资产类别是否符合特定资产的监管规定，防止风险的错配，实现监管信息的透明化。

三、建立金融监管信息共享平台

行业发展趋势给目前的金融监管模式带来了巨大的挑战，金融监管模式亟待调整和改革。建议相关部门充分利用大数据技术和网络技术，以高水平的科技为支撑，建立起高效、共享、安全的监管信息平台，建立金融监管的联动模式，实现金融业内部监管的信息共享，如果某一行业出现危机，可以及时迅速隔离风险源，切断传染渠道，有效控制金融风险。

第六节 宏观调控中的系统性金融风险防范

一、防控系统性金融风险是一项复杂艰巨的系统工程

2015年以后，国务院和金融监管部门等密集出台了一系列防控系统性金融风险的政策举措，其中包括：2015年2月17

日,国务院公布的《存款保险条例》;2015年6月22日,国务院办公厅转发的《银监会关于促进民营银行发展指导意见的通知》;2015年7月18日,中国人民银行等十部门发布的《关于促进互联网金融健康发展的指导意见》;2015年8月7日,国务院出台的《关于促进融资担保行业加快发展的意见》;2015年9月1日,国务院办公厅出台的《关于促进金融租赁行业健康发展的指导意见》和《关于加快融资租赁业发展的指导意见》;2015年10月19日,国务院出台的《关于进一步做好防范和处置非法集资工作的意见》;2016年4月12日,国务院办公厅出台的《关于印发互联网金融风险专项整治工作实施方案的通知》;2016年8月22日,国务院发出的《关于印发降低实体企业成本工作方案的通知》;2016年9月20日,国务院出台的《关于促进创业投资持续健康发展的若干意见》;2016年10月10日,国务院出台的《关于积极稳妥降低企业杠杆率的意见》和《关于市场化银行债权转股权的指导意见》;2017年1月4日,中国保监会出台了《保险公司合规管理办法》,以促进保险公司的合规经营和防范风险;1月10日,中国证监会出台了《证券公司风险控制指标管理办法(2016年修订)》和《上市公司重大资产重组管理办法(2016年修订)》;1月24日,中国保监会出台了《关于进一步加强保险资金股票投资监管有关事项的通知》;3月29日,中国银监会办公厅出台了《关于开展银行业"违法、违规、违章"行为专项治理工作的通知》;4月6日,中国银监会出台了《关于开展银行业"不当创新、不当交易、不当激励、不当收费"专项治理工作的通知》;4月7日,中国银监会出台了《关于提升银行业服务实体经济质效的指导意见》;4月10日,中国银监会出台了《关于银行业风险防控工作的指导意见》;4月12日,银监会又出台了《关于切实弥补监管短板提升监管效能的通知》；4月18日，中国证监会出台了《期货公司风险监管指标管理办法》；5月3日，中国证监会出台了《区域性股权市场监督管理试行办法》；5月5日，中国保监会出台了《关于保险资金投资政府和社会资本合作项目有关事项的通知》，等等。

这些举措的落实将大大降低系统性金融风险发生的可能性，因此，是十分积极和必要的，但仅靠这些举措还不足以充分有效地防控系统性金融风险。

二、建立和完善防控系统性金融风险的机制

（一）建立金融数据和金融信息的精准性统计机制

要有效防控系统性金融风险，就要对各种金融数据做到心中有数。但从统计情况看，对于中国究竟有多少金融资产并无清晰完整的统计数据。如果将证券业、保险业、信托业、租赁业和基金业等的金融资产考虑在内，则中国经济金融运行中的金融资产（从而与金融产品对应的负债）数额更是一个谁都无法说清的数额。在这种条件下，不仅金融资产的存量、流量和增量等的动态难以把握，而且根据金融资产的存量变化、流向变化和增量变化等选择有效对应的防控风险举措（包括预警举措、消解举措等）也难以做到。金融监管部门的诸多举措在很大程度上不是防患于未然，而是陷入到持续应对"救火"的事务性监管工作中。要改变这种状况，就要形成系统完整及时的金融统计数据：在体制机制方面，应打破目前金融数据统计由"一行三会"等各家监管部门分而治之的格局，建立全国统一的金融数据统计机制，将各类金融活动产生的信息和数据汇总到1家金融数据统计中心进行统

计、管理和公开披露；在内容上，不仅应包含各类金融市场（包括证券交易所、期货交易所、银行间市场、柜台市场、产权交易市场和股权交易市场等）中的各类数据，也不仅应包括金融交易和金融活动中的资产、负债等各种总量数据，而且应按照资产—负债联动机制的流程，统计各个环节和主体各自的资产—负债数据，以弄清各个节点上的金融风险状况；只要不涉及泄密，就应尽可能及时完整地公开披露相关金融统计数据，保障经济金融运行中的各方面主体能够充分利用这些数据展开分析和研讨，尽早发现金融交易和金融活动中的风险漏洞，采取可选择的应对之策。

（二）强化对系统重要性金融机构的流动性监管

流动性风险是引致系统性金融风险转化为金融大动荡的一个主要成因。在资产—负债联动机制展开过程中，系统重要性金融机构发挥着抵御风险扩散作用和稳定金融运作秩序的作用，它们的资产流动性状况直接影响着金融风险的传递速度和程度。金融市场的竞争贯彻着优胜劣汰的规则，一些中小微金融机构在市场竞争中可能被淘汰出局，这时常引致金融运行中的波动和资产—负债联动扩散中的涟漪扩展。在系统重要性金融机构金融运作比较稳定的条件下，这些小微涟漪传递比较容易被系统重要性金融机构的应对性操作所化解或阻止，不至于在进一步传递扩散中形成大的风浪。但在系统重要性金融机构的资产流动性紧张的条件下，它们缺乏足够的能力化解这些风险涟漪，金融风险就可能冲破系统重要性金融机构的防线；同时，加重金融市场运作中各方的恐慌心理，在金融加速机制的作用下，微小涟漪就有可能通过"蝴蝶效应"形成较大的系统性金融风险。目前，中国的系统重要性金融机构主要由工、农、中、建、交等国有控股商业银行构成，它们是经济金融运行中的资金拆出方（与此对应，其他金融机构主要是资金拆入方）。强化对国有控股商业银行的流动性监管，可选择的机制有三：

其一，全面加强对资产流动性的监控，既包括对这些系统重要性金融机构的资产负债率、资本充足率、存贷比和流动性资产结构等的监控，也包括对它们拆出资金的流向、流量和流速的监控。

其二，增强公开市场操作。在实时监控这些系统重要性金融机构的基础上，根据它们经营运作中对资金的需求状况，中国人民银行以它们为交易对手方，通过公开市场操作，及时调控流动性。

其三，增强再贷款和再贴现。一旦这些系统重要性金融机构出现流动性紧张，人行应及时出手予以救助，以支持它们在金融体系中稳定功能发挥。通过这些流动性监控，大致上可以把握金融机构之间的资产—负债联动链条长短、涉及的金融资产规模和相关资产走向，从而为有效防控由这些链条断裂引致的系统性金融风险提供预警信号。

(三) 强化对金融市场运行态势的监控

金融市场的运行秩序属于公共品范畴，直接关系到市场参与者各方的利益和操作选择。通常情况下，金融监管部门不应对金融市场的价格走势给予太多的关注和干预，以维护市场机制在调节供求关系和配置金融资源中的决定性作用。但这并不意味着金融监管部门不需要重视金融市场的价格走势动态和供求关系动态。在信息技术高度发展的今天，利用现代电子技术实时监控金融市场的动态走势并非难事。关键在于，金融市场的异动常常由非常态成因引致，一旦价格持续下落的时间较长，就可能严重恶化市场参与者的资产负债表，使得处于交易中的金融资产转化为有毒资产，触发潜在的系统性金融风险浮出水面。要避免此类现象的发生和进一步恶化，金融监管部门就需要密切注视金融市场的价格走势，分析异动的成因，了解参与者的交易行为变化，及时选择适当的政策举措，防止异动现象的延续。强化金融市场动态监控，需要落实三个机制：

其一，利用现代电子技术和信息传输技术，实时监控金融市场走势动态。

其二，及时把握金融市场的资金流向、流量和流速，防范巨额信用资金、境内热钱和配资平台资金等在短期内频繁进出金融市场炒作所引致的交易价格异常波动。

其三，强化对银行间市场、证券交易所市场、期货市场和其他金融市场之间联动效应和跷跷板效应的追踪分析，一旦发现异常，及时出手，阻断金融风险在各类市场中扩散传染。

（四）强化"去杠杆"

2008年国际金融危机之后，高杠杆的负面效应就引起了世界各国和地区的广泛关注，由此，以降低杠杆率为主要内容的"去杠杆"也就成为防控系统性金融风险的一项主要机制。资产—负债联动机制扩散传递的主要通道在于负债链条的持续延伸，与此对应，缩短金融负债链条就成为有效防控系统性金融风险的一个重要举措。强化"去杠杆"，需要落实五个机制：

其一，增加实体企业内源性融资能力，鼓励它们将经营运作的税后利润转为直接投资，提高它们的资本（或净资产）在资产总额中比重。

其二，限制上市公司等实体企业将外源融入的资本性资金转为金融市场的短期炒作资金，鼓励它们专心从事主营业务操作，抑制脱实向虚的势头。

其三，加快发展长期公司债券，增加实体企业和金融机构的准资本性资金，改善它们的负债期限结构，减弱短期资金偿付引致的财务风险。

其四，缩减金融机构服务于实体企业的债务链条，降低金融运作成本和实体企业债务成本。

其五，强化股权投资的规范运作，严禁明股实债，防控潜在的债务风险。

(五) 增强实体企业的盈利能力

实体企业是国民财富、价值和利润的创造者。实体企业运行状况和盈利能力高低对金融体系的健康发展有着根本性意义。近年来，中国经济金融运行中发生的脱实向虚倾向和金融机构为自己服务（从而出现金融泡沫）增强的倾向，与实体企业主营收入从而利润降低有着密切关系。在深化供给侧结构性改革过程中，增强实体企业的盈利能力，不仅对提高经济金融运行的质量和效率举足轻重，而且对防控系统性金融风险也至关重要。一个显而易见的事实是，在实体企业有着较高盈利水平期间，资产—负债联动机制中的各方资产负债表相对较好，金融风险爆发的可能性极低；反之，随着资产负债表恶化，金融风险爆发的概率逐渐提高。2017年3月，中国人民银行等5部门出台了《关于金融支持制造强国建设的指导意见》，强调要高度重视和持续改进对制造强国建设的金融支持和服务，积极发展和完善支持制造强国建设的多元化金融组织体系，创新发展符合制造业特点的信贷管理体制和金融产品体系（包括股权融资、债券融资和资产证券化等）。增强实体企业的盈利能力，需要落实三个机制：

其一，鼓励技术创新、组织创新、产品创新和营销创新，建立支持创新所需的各项机制。

其二，深化体制机制改革。以最大限度地发挥生产力和创造新的生产力为生产关系改革的基本取向，充分调动科技人员、管理人员和第一线劳动者的积极性和创造性。

其三，尊重经济规律的内在要求，建立符合市场经济规则的激励机制和制约机制，鼓励竞争，奖优罚劣，落实淘汰机制和破产制度。

（六）完善和改革金融监管框架

中国现存的金融监管框架以机构监管为主，监管重心集中于金融机构的业务行为。这意味着类金融机构和非金融机构的金融活动游离于金融监管之外，难以做到金融风险的监管全覆盖。《十三五规划纲要》指出：要"健全符合我国国情和国际标准的监管规则，建立针对各类投融资行为的功能监管和切实保护金融消费者合法权益的行为监管框架，实现金融风险监管全覆盖。"为此，金融监管框架改革的基本取向不应停留于"一行三会"彼此间监管职能调整之中，而应以实现机构监管为主向以行为监管（或功能监管）为主的转变为重心。金融监管向行为监管为主的转变，需要解决好三个基础性问题：

其一，科学合理地划分金融行为类型。金融功能划分是实现功能监管的基础。按照金融产品的特性和金融交易的特性，金融行为可分为货币（包括汇率）、支付清算、标准化证券、存贷款和各种非标准的债务凭证(如商业票据、银行票据等)、信托、保险、股权投资和金融统计等类型。

其二,根据金融行为类型划分,科学合理地界定各家金融监管部门的职能和监管边界,将金融机构、类金融机构和非金融机构的金融行为均纳入监管对象的范畴,既避免了金融监管的"真空""缺失"或"盲区"的存在,又避免了各家金融监管部门彼此间的掣肘或行为不协调,实现金融监管对各种金融行为的全覆盖。

其三,根据金融产品和金融行为的复合特性(包括金融衍生品),实施金融监管部门的联合监管,实现对每个金融活动的程序、条线和节点的复合监管,避免因某个节点崩垮可能引致的整个金融蛛网的崩散。

第五章

供给侧结构性改革背景下系统性金融风险

第五章 供给侧结构性改革背景下系统性金融风险

伴随我国的社会主义市场经济的持续发展，传统背景下相关的企业生产特点与管理理论已无法适应信息化的背景。为了能够稳定地发展经济，我国企业的管理理论展开创新和改革势在必行。

第一节 供给侧结构性改革背景

改革开放以来，消费和投资一直是拉动经济发展"三驾马车"的中坚力量。据统计，在1982~1995年间，我国消费支出年均增长率为15.5%，而从1996~2013年看，年均增长率下降为10.8%；固定资产投资从年均增长率18%下降为1%，其中城镇固定资产投资从18.3%降为15.5%，农村固定资产投资从18%降为-6.8%，只有出口增长率从年均增长12.5%上升为13.9%。支撑经济发展的需求侧不论是从内部还是外部受世界经济复苏乏力的影响长期持续低迷。

而在我国内部，目前的经济发展面临着一系列突出矛盾和问题，表面上看是经济增长速度的"软着陆"，但本质是供给侧结构和体制问题，如我国经济结构失衡，产能过剩、企业成本过高、去库存压力大、非金融企业和政府部门杠杆率较高、金融结构不合理、对实体经济支持不足等。这促使中央下决心进行改革，以更好地发挥政府作用进而发挥市场配置资源的决定性作用，提高我国供给体系的质量和效益。在这一背景下，2015年

11月，中央财经领导小组在第十一次会议上提出"在适度扩大总需求的同时，着力加强供给侧结构性改革，着力提高供给体系质量和效率，增强经济持续增长动力"。这一顶层设计的提出标志着我国宏观经济正由需求管理转向供给管理过渡，供给侧结构性改革为我国今后改革的目标指明了方向。

席卷全球的金融危机爆发虽已有十年时间，但是它对全球经济的影响却余威未尽，各主要经济体仍然没有走上较快发展的康庄大道。进入经济新常态以来，我国经济增长速度明显减慢，经济结构失衡加重，新旧动能转换不畅，长时期被高速发展掩盖的经济金融风险不断积累。决策层和学术界一致认为制约我国发展的主要矛盾在于供给侧，党中央正在深入推进供给侧结构性改革，并以"三去一降一补"为改革的重点。与此同时，由经济增速下滑而隐藏的金融风险凸显出来。2012~2016年连续5年的中央经济工作会议都强调要高度重视财政金融领域存在的风险隐患，坚决守住不发生系统性和区域性金融风险的底线；2017年4月，习近平在中共中央政治局第40次集体学习时强调：金融活，经济活，金融稳，经济稳，做好金融工作，维护金融安全。因此，理论界应该认真梳理供给侧结构性改革背景下系统性金融风险的发生逻辑，客观评估我国发生系统性金融风险的可能性，研究消除金融隐患和降低系统性金融风险发生概率的政策措施。这些工作在当前显得尤为重要。

第二节　供给侧结构性改革背景下系统性金融风险的成因

供给侧结构性改革是着眼于中国经济长远健康发展的战略决策。从长期来看，它有利于提升中国经济的国际竞争力和抵抗风险的能力；但是从短期来看，当前供给侧结构性改革蕴含着不可忽视的风险，而最大的风险就是长期潜伏的金融风险隐患正在显性化。

一、实体经济不景气引起的非金融企业债务违约风险

从根本上说，金融运行状况依赖于实体经济发展质量。进入经济新常态以来，我国受到"三期叠加"与国际经济形势的影响，经济增长速度显著下降，权威人士认为当前我国经济是L型走势，这个阶段不是一两年能过去的。

当前我国面临的最突出的问题是产能过剩行业和僵尸企业造成的要素错配和资源浪费，再加上逐年增加的各种成本，我国的实体经济不堪重负，企业资产回报率2010~2015年连续五年下降。很多企业依赖银行贷款与民间借贷生存，企业杠杆率大幅攀升。根据中国社科院国家金融与发展实验室的研究，2015年我国非金融企业的负债率高达131%，大大高于发达国家82.8%的平均水平，也超过OECD国家90%的阈值。企业财务状况的恶化，不但增加了银行信贷违约风险，而且也加大了企业自身债券违约风险。

二、融资结构失衡导致的银行部门风险

我国以银行为中介的间接融资比重超过80%，股权融资比重不到15%。间接融资比重过大，无法发挥直接融资转移和分散风险的功能，金融风险聚集到银行部门。国际金融危机爆发以来，受我国反危机政策与房地产市场强劲发展推动，整个银行体系资产急剧膨胀。为了达到监管部门要求的资本充足率，银行部门不得不发行金融债券以补充资本金，银行部门杠杆率也在不断攀升。由于实体经济部门偿债能力下降，银行部门的不良贷款比重不断攀升。根据银监会的统计数据显示，2014~2016年银行业的不良贷款比率从1.04%增加到1.74%，关注类贷款由2.5%增加到3.87%。同时，银行的资产与负债期限错配严重，潜在的流动性风险上升。2007年以来具有稳定性的个人活期存款从41%下降到28%，而波动性较大的同业存款和财政类存款比重从20%上升到26%，中长期贷款占贷款总量的比重从50%上升到56%。近年来，影子银行发展迅猛，它们通过各种途径逃避监管部门的监管。而银行业与影子银行有千丝万缕的联系，一旦遇到突发性事件，这些资产都将转化为银行部门的不良资产，对金融安全造成极大威胁。

三、财政收入增速下降带来的地方政府债务风险

2014年以来，我国财政收入增速仅保持个位数，2016年第三、四季度增长率仅有5.9%和5.7%，低于同期经济增长率。而政府财政支出却没有相应下降，地方政府不但要承担发展本地经济的重任，而且公共服务、工资、支农等财政支出却逐年增加。地方政府财政收入中有相当比例来自国有土地出让金。随着房地

产市场调控的收紧,土地出让金很难持续增长;在"降成本"的政策背景下,税收增加的空间很小,因此不得不通过发行债券和借款来维持刚性支出。虽然我国政府负债率仍然低于国际通行警戒标准,但是应该警惕地方政府债务增长过快带来的违约风险。审计署发布的《全国政府性债务审计结果》显示,截至2012年底,有3个省级、99个市级、195个县级、3465个乡镇政府负有偿还责任债务的债务率高于100%,实际上,一些地方政府已经处于资不抵债的境地,而现在的形势可能比2012年还要严峻。

四、虚拟经济过度发展催生的资产泡沫风险

当前我国实体经济遭遇到前所未有的发展困境,企业和居民资金"脱实向虚"趋势十分明显,虚拟部门集中了大量社会资金,它们在虚拟经济内部空转,资产价格泡沫越吹越大。近年来,房地产市场发展火爆,房地产价格在一次次调控中螺旋上升。2016年,部分二线城市,如被称为楼市"四小龙"的南京、厦门、合肥、苏州等地房价上涨均在40%以上。截至2016年第四季度,全国新建房地产价格涨幅已经连续六个季度超过30%。我国股市资金大进大出,投机氛围浓厚,指数波动巨大。我国的房地产市场已经背离了房子是用来住的功能,股票市场也偏离了为优秀企业融资的基本功能,它们已经成为投机者追逐高额利润的场所。历史已经证明,虚拟资产泡沫一旦破裂,一定会对国家造成灾难性后果,美国次贷危机的前车之鉴仍在眼前。

五、人民币汇率走弱预期带来的主权货币风险

2005年汇改至2015年,人民币兑美元汇率一直处于升值状

态。2015年8月11日，中国人民银行宣布实行新的人民币兑美元汇率报价机制，人民币兑美元三天连续贬值幅度超过5%，创20年最大跌幅。2015年12月16日美联储开启加息周期，人民币对美元出现连续十个交易日下跌，并创下2011年6月以来最低值。随后人民币开始加速贬值进程，至今逼近1∶7的关口。应该说人民币没有长期贬值的基础，但是受到美国加息预期以及国际金融市场供求关系的影响，人民币贬值压力短期内不会改变，这必将增加我国的资金外流压力。wind资讯的数据显示，2015年10月~2016年10月累计共流出2万亿元人民币。2016年底，我国外汇储备为30 105亿美元，比2016年初减少了300多亿美元，连续11个季度呈下降趋势。尽管我国的外汇储备仍比较充足，但是如果不及时采取措施稳定人民币汇率，极易形成人民币贬值——资本外流加快——人民币进一步贬值的恶性循环。

第三节 供给侧结构性改革背景下系统性金融风险测度

一、金融风险测度研究综述

要准确判断我国系统性金融风险动态发展趋势以及发生金融危机的概率，仅有理论分析是不够的，还需要构建测度金融风险的模型做定量分析。国外对金融危机预警的经典研究成果主要有：亚洲金融危机前比较有影响的成果有由Frankel和Rose建立的FR模型，Sachs等提出的STV模型方法，Kaminsky、Lizondo和Reinhart提出的KLR模型等；亚洲金融危机到美国次贷危机之间的主要成果有经验法、人工神经网络法、马尔科夫状态转换法、金融稳健性指标法等；次贷危机以来的研究成果有网络分析法、系统性压力综合指数（CISS）、共同风险模型法（Co-Risk）、边际期望损失法、系统性风险早期预警系统（EWE）等。

国内学者主要借鉴国外的研究成果来构建我国的预警指标体系，并用中国的经济金融数据做实证分析。唐旭、张伟建立了由预警方法、预警指标、预警模型等组成的中国金融危机预警系统；张元萍运用 STV 模型和 KLR 信号分析法对我国发生金融危机可能性进行了实证分析；陈守东等运用 Logit 模型分别建立了宏观经济风险预警模型和金融市场风险预警模型；白雪梅、石大龙运用 CoVaR 方法度量了我国 27 家金融机构 2008~2013 年的系统性风险。

本书在前人研究的基础上，试图完善我国系统性金融风险预警指标体系，构建中国系统性金融压力指数。金融压力最早由加拿大经济学家 ILLING 和 LIU 提出，他们选择银行、债券、外汇和股票四个市场的 11 个指标构建加拿大的金融压力指数。根据他们的表述，金融压力是一个连续性的变量，指数数值越大金融风险就越大，其极值就是金融危机，它随金融机构面临的预期损失或不确定性增加而增加。2008 年美国次贷危机以后，国际货币基金组织、克利夫兰储备银行、圣路易斯联邦储备银行、美银美林等机构相继研究开发出各自的金融压力指数，以监测金融市场的风险状况。本书首先总结出当前我国存在五大金融风险点，以此相对应采用五个二级指标、二十二个三级指标，分别构建实体经济、银行部门、政府债务、虚拟经济以及货币等五个风险分指标；然后加权合成我国系统性金融风险压力指数（CSFSI）；最后通过构建金融压力时期识别模型来衡量我国金融风险水平。

我们认为这种构建方法能全面系统地反映我国金融风险的总体情况，具有良好的解释能力和预测能力。

二、系统性金融风险的指标选择及数据处理

1. 指标选择

本书认为，当前我国存在五大金融风险点，这五大风险点共振与联动生成系统性金融风险。因此，从系统性金融风险形成的风险源出发，将实体经济风险、银行部门风险、政府债务风险、虚拟经济风险与货币危机风险五个指标作为二级指标，每个二级指标由若干三级指标构成。

2. 数据处理

本书使用季度数据，时间区间为2005年第一季度至2016年第四季度。为了消除季节影响因素，除了利率指标外，本书数据使用Eviews8.0软件进行X-12季节调整，对于只有年度数据的指标使用Eviews8.0进行频度转换。各变量与CSFSI有同向和反向两种关系。同向关系说明指标数值越大金融压力指数越大，反向指标含义相反，反向指标通过取倒数的方法转换为正向指标。然后消除各指标的量纲差异，并用极差法进行数据标准化处理。

3. 系统性金融风险压力指数（CSFSI）构建

采用两个步骤计算CSFSI：第一步，计算五个二级指标压力指数，即CSFSIX1至CSFSIX5；第二步，合成CSFSI指数。

三、五个二级分指标金融压力测度结果及分析

把处理过的季度数据及对应的权重值代入公式计算出五个二级指标指数。

1. 分析五个分指标的各自走势。

第一，实体经济风险走势第一阶段为2005年第一季度至2008年第一季度。该阶段我国实施投资驱动和出口导向的增长模式，经济处于新一轮的繁荣周期，实体经济风险的压力很小。第二阶段是2008年第二季度到2012年第一季度。这个阶段指的数波动幅度很大，出口受到金融危机的严重影响，经济增长率急剧下滑，随后我国实施"4万亿元"的反危机投资计划，经济短时间企稳回升。第三阶段为2012年第二季度至今。我国经济进入新常态，固定资产投资率下降到不足10%，工业增加值增长率低于8%，出口增长率下滑明显，实体经济压力不断攀升。我们认为，实体经济压力增大是当前系统性金融风险最重要源头，它可以导致其他风险点的产生。

第二，银行部门风险指数走势第一阶段是2005～2008年。该阶段银行风险压力指数从高点下降到最低点。2005年以前，我国银行业在处于传统的经营模式，盈利能力差、竞争力弱、呆坏账比例很高，多数银行达不到巴塞尔协议要求的最低资本充足率8%的水平，因而整个行业处于高风险状态。2005～2010年、工、农、中、建四大国有商业银行完成股份制改造并成功上市，公司治理结构显著改善，总体风险较股份制改造前大幅下降。第二阶段是2012～2014年。该阶段受益于国家实施宽松的宏观经济政策，银行业每年新增贷款都在10万亿元以上，整个行业获利丰厚，风险水平较低；2014年第三季度以后受到产能过剩、僵尸企业以及实体经济营利性减少等因素影响，非金融企业杠杆率大幅提高，银行业的不良贷款率上升，影子银行深入参与中小企业以及房地产融资，资产风险很高，由此导致银行部门风险指数显著提高，银行业风险成为系统性金融风险的重要源头。

第三，政府债务风险趋势第一阶段从2005~2008年底。该阶段财政收入平均增长率超过20%，赤字率和债务率都很低，政府债务风险稳中有降。第二阶段从2009~2012年第三季度，为了保增长实施积极的财政政策，政府大幅增加基础设施、"三农"、社保、公共服务的投入，2009年第一、二季度财政收入罕见地出现负增长，到2010年以后又恢复到20%以上的高增长。该阶段政府债务压力指标波动幅度很大。第三阶段是2012年第四季度以后。该阶段政府财政收入增长率降到了10%以下。为了拉动经济增长，地方政府不得不大举借债投资；同时，地方政府承担的公共服务功能越来越多，政府债务总量激增，政府债务压力加速上涨。尽管从国际经验来看，我国政府债务率并不高，但是考虑到我国政府未来的支付负担十分沉重，所以对地方政府债务的风险不可小觑。

第四，虚拟经济风险走势第一阶段是2005~2010年。该阶段的特点是上下波动剧烈。2005年至2008年经济处于繁荣阶段，2006年房地产价格季度同比增长率超过10%；；股票市盈率由2005年不到20倍上升到2007年的63倍，股市泡沫非常严重，2006年三季度到2007年三季度上证指数从1844年急剧拉升到6124点的历史最高位，随后一年时间又迅速下跌到2 000多点，股市的暴涨暴跌使得虚拟经济风险指数波动剧烈。第二阶段是2010~2015年第一季度。该阶段股市整体平稳。2013~2014年上半年房地产市场上涨明显，但是国务院及时出台宏观调控政策，房价泡沫得到一定的控制。该阶段风险保持平稳较低状态。第三阶段是2015年第二季度至2016年第四季度。该阶段实体经济继续处于疲弱状态，资本大量涌入虚拟经济部门，新建房地产价格季度同比增幅超过40%，上证指数到2015年第二季度达到

5 178点，随后股指大幅下跌，但楼市持续"高烧不退"。该阶段股市和楼市上涨效应叠加，资产泡沫非常严重，成为系统性金融风险重要的隐患。

第五，货币风险指标走势分为两个阶段：第一阶段是2005年到2015年第一季度。该阶段货币风险压力很小。2005年7月我国实行以市场供求为基础、参考一篮子货币进行调节、有管理的浮动汇率制度，此后十年，人民币兑美元汇率升值超过30%；外汇储备连年增加，最高达到4万亿美元，因此人民币几乎没有被攻击的风险。第二阶段是2015年第二季度2016年底。该阶段人民币贬值风险持续增加。2015年8月以来，人民币进入贬值通道，截至2016年底，人民币汇率直逼1：7关口。美联储于2015~2016年加息2次，人民币与美元利率之差缩小，人民币贬值预期强化。鉴于我国仍保持3万亿美元左右的外汇储备，且经济增长潜力仍然巨大，人民币应该没有大幅贬值的基础，因而从总体上说，我国货币有一定风险，但风险并不大。

2. 五个二级指标风险走势对比分析。

第一，这五个指标的标准差分别为0.173、0.093、0.152、0.141和0.086，波动性从大到小依次为实体经济风险、政府债务风险、虚拟经济风险、银行部门风险和货币风险。

第二，2012年以前五个指标波动趋势并不完全一致，2008年以前除去虚拟经济风险上升以外，其他四个指标都呈下降趋势。2009~2012年银行部门风险、政府债务风险小幅度上升，而实体经济风险、虚拟经济风险有所下降，各个风险走势相互抵消，系统性金融风险的压力并不大。

第三，2014年以后五个指标几乎都呈现上升趋势，2016年指标值都达到或超过了以前最高值。当前正是风险叠加阶段，产生系统性金融风险的可能性比以前任何时期都要大，值得我们高度关注。

四、系统性金融风险指数 CSFSI 结果分析

根据中国系统性金融风险压力指数时间序列值可以把 CSFSI 走势分为三个阶段。

第一，阶段为 2005 年第一季度到 2008 年第二季度，CSFSI 持续缓慢下降。

第二，2008 年第三季度到 2014 年第三季度，受到国际金融危机与欧洲债务危机短期冲击，2009 年三季度风险值达到极大值 0.402，这说明在开放型经济下国外经济金融危机对我国的影响极大；其后我国政府及时实施大规模的反危机政策，成功化解了金融危机的冲击，到 2011 年，金融危机对我国的压力基本解除。然而，由于国内大规模投资带来的负面效应逐渐积累，产能过剩、成本上升、政府债务、房地产泡沫、股市泡沫等问题相继出现，系统性风险处于潜伏期。

第三，2014 年第三季度以后由于五大二级风险指标都处于上升期，在其综合作用下，系统性金融风险呈直线上升趋势，前期潜伏的系统性风险在部分领域已经显露出来，比如高利贷、非法集资诈骗引发的恶性事件层出不穷、企业债违约屡见不鲜、国债期货的跳崖式下跌、房地产价格泡沫等。这些问题都极易成为引发系统性风险的导火索。

五、风险压力时期识别

系统性金融风险指数反映我国金融风险的走势，但是它不

能甄别金融风险什么时期处于低风险区、正常水平或高风险区。要准确判断风险水平,还要通过构建金融风险压力时期识别指数。一般认为,超过风险指数均值2倍标准差时被认为处在高风险期,即处于金融风险压力时期。

第四节 供给侧结构性改革背景下加强金融监管力度的建议

一、完善宏观审慎管理框架

在经济繁荣时期,商业银行往往表现出一定的亲周期性,导致商业银行在大量放贷中,不断循环积聚信用风险,助推经济泡沫;而当经济下行时期引发信贷紧缩,造成虚拟经济的发展速度和规模远大于实体经济,从而扩大宏观经济在经济周期不同阶段的波动幅度,加剧宏观经济波动和金融体制风险,进而引发由金融体系顺周期波动和跨部门传染导致的系统性金融风险。因此,无论是货币市场还是资本市场都有必要从宏观的、逆周期的视角采取防范措施,维护货币和金融体系的稳定,对于所有形式的商业银行和投资银行都建立一种宏观审慎金融稳定机制。宏观审慎管理政策框架构建应分三个步骤:第一,加强事前宏观审慎"逆周期"政策选择,以提前应对所识别的系统性风险隐患,确保"对症下药",使得政策的实施能够准确预判危机的发生;第二,加强事中宏观审慎工具的运用,包括差别存款准备金动态调整机制和可变的LTV等工具,以实现宏观审慎政策目标;第三,加强事后宏观审慎分析,全面识别分析系统性风险,并制定相应防范措施。

二、实现差异化监管转型

实行多维度、多角度的差异化监管模式，对于大中小型银行制定更加细化的差异化监管细则，比如差别存款准备金制度、差别存款保险制度等。针对不同区域宏观经济环境，制定更加明确的差异化监管政策。

从实证结果来看，由于我国东中西部经济发展规模和效率存在较大差异，东部相比中西部地区，商业银行不良贷款率受到外部环境因素影响更大，不良贷款率也较高，因此应当实行更为审慎的监管机制，而对中西部地区可以提供较为宽松的融资环境。另一方面，民间金融在金融压抑的环境里更为活跃，也是系统性金融风险的重要诱因，也应针对不同地区现实情况实行不同的监管模式，因地制宜地采用风险防范措施。

三、推进存款保险机制建设

存款保险制度是一种金融保障制度，通过建立存款保险准备金，当投保机构发生经营危机或面临破产倒闭时，存款保险机构向其提供财务救助或直接向存款人支付部分或全部存款，从而保护存款人利益。它是一种有效防范系统性金融风险的措施。目前我国中国人民银行负责存款保险制度实施，最高偿付限额为人民币50万元，存款保险制度的建立为我国系统性金融风险的发生设立了一道防火墙，可有效提高金融体系的稳定性，维持正常的金融秩序。通过建立存款保险制度，可以加强对金融机构的市场约束，促使其稳健经营。当前，我国正在大力发展民营银行和中小银行，应深入考虑可能出现的风险或退出问题，建立更加完善的存款保险制度，以便在未来建立商业银行的退出机制，大大降低金融风险的处置成本和加快转移风险；对流动性风险应做到早发现、早处置，实现金融机构快速有序的市场化退出，防范系统性金融风险发生。

第五节 供给侧结构性改革背景下系统性金融风险的防控对策

一、防范系统性金融风险不能走"休克疗法"之路，应该走"渐进式"道路

系统性金融风险是我国多年高速发展带来的后遗症，"冰冻三尺，非一日之寒"，因此，治理风险不能犯急躁冒进的错误。从长远来看，通过供给侧结构性改革可以解决我国经济发展失衡问题，通过经济转型升级提高竞争力，做强实体经济，增强经济机体抵抗力，消除产生金融风险的土壤和环境，这是防止系统性金融风险的治本之策。但是如前所述，从短期来看，供给侧结构性改革与防范系统性金融风险存在一定的冲突，如何解决长期与短期目标的矛盾非常考验执政者的智慧。我们认为，推行"三去一降一补"政策应该把握力度和节奏，政府设定的目标要充分考虑到各方的承受力。欲速则不达，短时期内各项政策齐头并进、强行推进可能会产生预料不到的风险，可行的做法应该有步骤、有重点、分阶段逐一解决风险点；政府推行"一降一补"政策也要考虑到财政的可持续性。

二、防范系统性金融风险功夫还在金融体系之外

我国系统性金融风险产生的主要原因有：实体经济发展困难、房地产泡沫、地方政府债务等。如果这些风险点得到解决，金融体系风险就会大大减轻。对于实体经济发展而言，首先应该发挥市场在资源配置中的决定性作用，推动资本、劳动、资源等生产要素的市场化，使国有企业、民营企业在相同的平台上公平竞争，对于产能过剩行业与僵尸企业，主要要通过市场方式使其退出市场；其次要更好地发挥政府的作用，政府在优化发展环境、提供优质便捷服务、保护知识产权、引导金融机构支持实体经济发展等方面大有可为。对于房地产泡沫问题，除了必要的限购、限贷以外，根本的问题是建立房地产市场健康发展的体制机制。化解地方政府债务风险，要消除地方政府债务产生的体制机制，解决地方政府财权与事权不对称体制性问题，改革以GDP为核心的官员晋升激励机制，减少政府过度干预经济的行为等。

三、进一步完善金融业治理结构，强化审慎合规经营理念

银行业等金融机构资本金很低，主要依靠负债经营，天生具有高风险的特点，在安全性、流动性、收益性等经营原则中，金融业必须始终把安全性放在首位。为此，金融机构必须完善公司治理结构，树立审慎合规经营理念，严格遵守监管机构的各项规章制度，坚决守住依法合规经营的底线。要完善业务流程和程序，加强风险控制制度建设，认真执行违规失职等责任认定与追究机制，严格控制信用风险扩散，严密防范表外风险输入，切实阻隔影子银行风险传染渠道，紧盯流动性风险隐患，坚决防范突

发性金融事件。

四、改革和完善我国金融监管体制，加强宏观审慎监管

当前，我国实行的是"一行三会"的分业监管模式，它已不适应金融业混业经营与日新月异的金融创新需要。该模式缺乏从宏观、逆周期和跨市场的视角评估与防范系统性风险，防止金融体系的顺周期波动和跨市场的风险传播。"一行三会"要加强顶层设计，建立信息共享机制与协调合作机制，构建全覆盖、全链条的监管领域，杜绝监管漏洞与监管真空，形成有效的市场风险约束机制。当前在重点监管风险较大的互联网金融、影子银行、创新业务、民间融资等领域，出台了相关的准则和法规，以此来规范民间金融与互联网金融发展。监管机构不但要关注单个金融机构和金融市场的风险，更应该关注系统性金融风险，加强微观审慎监管与宏观审慎监管的协调。应该完善和创新宏观审慎监管框架与监管工具，加强金融业综合统计、信息共享和大数据建设等基础设施建设，构建科学的金融风险预警模型，从而尽早预警、尽早甄别、尽早处置金融风险点，有效控制杠杆率，防止发生系统性金融风险。

五、规范发展直接融资市场，发挥金融市场风险分散功能

直接融资与间接融资比例的失调导致我国的金融风险集中在银行业机构，提高了经济主体的杠杆率。而资本市场可以把风险分散转移到全社会，并且可以有效减低杠杆率。我国资本市场发展滞后主要有于制度不健全、监管力度不够等原因，上市公司

质量不高、长期不分红，股市违规操作严重、投机性强，股市指数波动异常，中小投资者的利益得不到保障等。如果这些突出的问题不能得到根本解决，不但实体经济融资难问题得不到解决，而且也不能有效地降低系统性金融风险。

第六节　加快建立现代化经济体系

建设现代化经济体系是引领我国经济改革和发展的基本目标，它意味着我国经济改革发展进入体系创新的阶段和发展思路的新提升。新常态是我国经济发展的大逻辑，建设现代化经济体系是跨越关口的迫切要求，必须把发展经济的着力点放在实体经济上，深化供给侧结构性改革，实施乡村振兴战略。要把经济发展纳入现代化经济体系的宏观框架，使改革和建设更具有整体性；建设现代化经济体系是关系全局协调发展和全面开放新格局发展的大格局；完善社会主义市场经济体制和建设现代化经济体系是同向同行的整体工程。着力构建微观有活力、宏观有序、市场有效、政府有度的运行机制是建立现代化经济体系的基本保障。

党的十九大报告提出：建设现代化经济体系，并成为引领我国经济改革和发展的基本目标。我国已进入导中国特色社会主义新时代，社会主要矛盾转变的新条件使建设现代化经济体系具有了创新意义，这意味着我国经济改革发展进入体系创新的阶段和发展思路的新提升。

一、建设现代化经济体系是跨越关口的迫切要求和我国发展的战略目标

以建设现代化经济体系来统领经济改革和发展是深化改革的新要求。实现"两个一百年"奋斗目标，实现中华民族伟大复兴的中国梦，不断提高人民生活水平，必须坚持社会主义市场经济改革方向，推动经济持续健康地发展。

（一）认识新常态、适应新常态、引领新常态是我国经济发展的大逻辑

我国经济进入新常态：增长速度从高速增长转向中高速增长，发展方式从规模速度型粗放增长转向质量效益型集约增长，经济结构从增量扩能为主转向调整存量、做优增量并举的深度调整，经济发展动力从传统增长转向新的增长点。适应新常态，需要在经济体制、机制、经济发展体系等方面做出适时的改革和建设，以更好地与新常态的发展大逻辑相一致，这是十九大提出建设现代化经济体系的宏观背景。

（二）建设现代化经济体系是跨越关口的迫切要求

我国经济已由高速增长阶段转向高质量发展阶段，正处在转变发展方式、优化经济结构、转换增长动力的攻关期，建设现代化经济体系是跨越关口的迫切要求，也是实现经济发展的战略目标的基础条件。坚持质量第一、效益优先，以供给侧结构性改革为主线，推动经济发展质量变革、效率变革、动力变革，提高全要素生产率，着力加快建设实体经济、科技创新、现代金融、人力资源协同发展的产业体系，着力构建市场机制有效、宏观调控有度的经济体制，不断增强我国经济创新力和竞争力。

第一，跨越经济发展由低质量向高质量发展的关口。质量第一、效益优先是对生产、效益的要求，也是对经济体系提出的客观要求。在粗放型、以速度为衡量指标的传统体系下，数量第一、效益低下是原有经济体系的特征，与其说是原来个别企业存在的问题，不如说是整个经济体系存在的问题。现在要改变的不是个别企业的问题，而是经济体系整体的问题。经济体系是一个大环境，大环境不改变，落后企业就有生存的空间，改变了大环境就消除了落后企业的生存条件，使其难以存活。所以，当前不是解决个别企业的具体问题，而是要在现代化经济体系中形成落后企业不能生存的宏观环境，现代化经济体系作用的不是个别企业，而是经济发展的整体环境。

第二，深化供给侧结构性改革，建设现代化经济体系必须把发展经济的着力点放在实体经济上。实体经济是经济发展的根基和依靠，这是我国总结经济发展实践得出的基本经验。一段时间内，人们认为现代经济似乎就是以虚拟经济为主，就是进入了金融经济的时代，证券、股票、房地产等是现代经济的象征，建设现代化经济就是要把发展的着力点转向虚拟经济，这样可以少花力气甚至不花力气就能够产生财富的大规模增值，因而，虚拟经济盛行。的确，虚拟经济没有像实体经济那样需要历经从项目选择、投资、生产、销售等一系列环节那样复杂烦琐且周期较长的过程，虚拟经济只需要直接的以钱生钱的简单过程；的确，一部分人也可以从中获得了好处，但这是不能持续的，世界经济的发展证明了虚拟经济发展可以赚钱，但实现不了现代化，所产生的只能是经济泡沫，而不是财富。虚拟经济最大的问题是它本身不生产物质财富。正是基于对实践的认识，习近平指出，振兴实体经济是供给侧结构性改革的主要任务，供给侧结构性改革要向振兴实体经济发力、聚力。实体经济是我国经济发展、我们在国际竞争中赢得主动的根基。这几年来，我国深化供给侧结构性改革正是以习近平的讲话精神和思想为指导，纠正了把经济发展的着力点放在虚拟经济炒作的市场导向偏差，重新回到振兴实体经济的正确轨道上。

第三，推动经济发展动力变革，提高全要素生产率，着力加快建设科技创新、现代金融、人力资源协同发展的产业体系，把提高供给体系质量作为主攻方向，显著增强我国经济质量优势。加快建设制造强国，加快发展先进制造业，推动互联网、大数据、人工智能和实体经济深度融合，在中高端消费、创新引领、绿色低碳、共享经济、现代供应链、人力资本服务等领域培育新增长点、形成新动能。支持传统产业优化升级，加快发展现代服务业，瞄准国际标准来提高水平。促进我国产业迈向全球价值链中高端，培育若干世界级先进制造业集群。改革和建设要为实现上述目标创造现代化经济体系的有力支撑，只有整体的问题解决好了，个别企业才能在这一体系中发挥好各自的作用和功能。适应新常态下我国经济发展增长速度变化、结构优化、动力转换的特点，更需要从现代化经济体系着手加快建设，以适应经济发展的现实情况，这是深化供给侧结构性改革这一主线的客观要求。

（三）实施乡村振兴战略需要建设乡村现代化经济体系的支撑

振兴乡村经济社会发展战略是全面建成小康社会的关键环节，与城市比较乡村的现代化经济体系建设相对滞后，妨碍现代化经济体系建设的持续有力推进，而解决好"三农"问题作为全党工作的重中之重，也要把建设现代化经济体系作为重点。坚持农业农村优先发展，加快实现农业农村现代化的目标，涉及乡村改革的一系列问题，建设乡村现代化经济体系面临着繁重的任务，要在以下几方面有所突破。

第一，在巩固和完善农村基本经营制度，深化农村土地制度改革，完善承包地"三权分置"制度方面要有新的进展。为实现农业现代化，在我国要解决的核心问题是大幅度提高农业劳动生产率，这涉及现有土地制度的改革，"三权分置"制度是中国农村土地制度改革的创新，是中国特色社会主义农村土地制度的具体体现。"三权分置"制度以马克思主义理论为指导，以中国的实践为依据，在坚持土地公有制度下创新中国特色社会主义农业现代化道路。"三权分置"改革在土地承包经营权流转实践的基础上，实现了对集体土地产权关系改革的进一步规范和完善，为实现农业规模经营和农业现代化提供了中国特色集体土地产权的理论依据。经过多年的改革实践，党的十九大报告正式提出了"三权分置"制度改革。该项改革把完善承包地"三权分置"制度改革作为建立现代化经济体系和实现农业现代化的突破口，使这一制度逐步完善，有效推进农业现代化目标的实现。"三权分置"制度改革实现了土地产权权能关系的清晰化：所有权权能的内涵是集体享有的收益权以及法律赋予的其他权利；承包权权能是农户依法享有的收益权和其他权利以及应该履行的其他义务；经营权权能是经营者作为独立的市场主体依法享有的各种权利和履行的义务，并承担生产经营的市场风险。

"三权分置"改革始终坚持农村土地集体所有权的根本地位，农民集体是土地集体所有权的权利主体，严格保护农户承包权，是农村基本经营制度的基础，农户对承包土地依法享有占有、使用和收益的权利。农村集体土地由作为本集体经济组织成员的农民家庭承包，不论经营权如何流转，集体土地承包权都属于农户家庭。赋予经营主体更有保障的土地经营权，是完善农村基本经营制度的关键，依法维护经营主体从事农业生产所需的各项权利，使土地资源得到更有效的利用。引导土地经营权流向种田能手和新型经营主体，探索更多放活土地经营权的有效途径。依法明确"三权"的内涵，为构建培育新型农业经营主体，培养新型职业农民，提供了基本的土地产权制度保障。

农业生产经营组织创新是推进现代农业建设的核心和基础。农业生产经营主体创新由原来个体农民转换为生产经营组织。以培育新型农业经营主体为落脚点的"三权分置"改革，具体在以下几方面要有实际进展。

首先，按照"三权分置"要求，重新规范土地产权权能关系。《中华人民共和国物权法》把土地经营权作为一种用益物权，反映了我们对土地经营权权能的认识在不断深化。其中的关键是把土地经营权看作一种财产权利，并能够进行流转。这是到目前为止对土地经营权明确的法律规范。"三权分置"以后，对于经营权和承包权的区别及在法律上的界定、操作上的实施，是需要我们在实践中认真对待的问题。

其次，在操作层面上，把完善经营者产权权能作为重点。经营者产权权能是新独立的一项权能，是"三权分置"中直接关系生产者的产权权能。由于我国的地域差别大，各地的情况千差万别，需要根据不同具体情况制定可操作性的规范。土地的所有权和承包权与农业的实际生产在一定程度上成为一种间接关系，承包权和经营权也已经分离，承包者不是具体经营者。作为农业生产的经营者应该具有怎样的产权权能，对农业生产就具有关键性作用。目前，承包权和经营权权能是"两权合一"。经营权权能的具体内容以及和承包权是什么关系，需要具体的界定。完善"三权分置"需要有可操作性的规范，重点解决好经营权权能和利益。"三权分置"以后，土地产权权能应该更多向经营者倾斜。在产权权能关系上，既要保证土地所有权、农户承包权的权益，更要强化经营权权能，这是现代产权关系的一般规律，也是建设现代化经济体系要解决的重点问题。

最后，在政策层面，支持重点要向经营者转移，为推进农地规模经营创造政策条件，对"三农"政策的支持重点应向经营者倾斜。"三权分置"的条件下，农民的概念将不再局限于承包土地的农户，而更多是掌握经营权的专业户。土地规模经营体现了经营主体从个体农民向企业或专业户的转换，土地规模经营需要经营主体能力提高和经营规模扩大。二者共同构成农业现代化生产的实际内容，专业农民成为农业发展的主体。土地承包农户的承包经营权在很大意义上已经成为一种能够进行流转并从中获得财产性收入的权能，它给权利的拥有者带来的是财产性收入，而不再是农业生产经营性收入。

第二，构建现代农业产业体系、生产体系、经营体系，完善农业支持保护制度。构建现代农业产业体系，不光是生产的问题，还包括产前、产中、产后等一系列环节，也包括运输、销售、深度加工、产业延伸等，甚至还包括对农产品的改造和产品升级，以及和农产品有关的生产系统，这就是一个大农业的概念；另外，现代农业旅游、农业文化、农业教育等产业也是包括在内的。

第三，发展多种形式适度规模经营，培育新型农业经营主体，健全农业社会化服务体系，实现小农户和现代农业发展有机衔接。农业的适度规模经营是从中国国情出发，遵循农业现代化发展的一般规律，体现中国特色的现代化发展道路，"三权分置"土地制度改革为适度规模经营提供了土地条件。培育新型农业经营主体是从新型生产者的角度打造大规模生产的现代化生产主体。土地适度规模经营和现代化生产主体的结合就为农业现代化生产提供了主客观条件，是我国现代农业的主流生产形式。通过小农户和现代农业发展的有机衔接，中国广阔的乡村都能够融入现代化经济体系。

二、把经济健康发展纳入建设现代化经济体系的轨道

建设现代化经济体系改变了我们原有的思维方式，引导我们对问题的思考的重点转为建设现代化经济体系当中来。之前，我们比较习惯于从个体、企业、部门、产业等领域考虑改革和建设，如国有企业改革、农业改革、价格改革、金融改革、经济体制改革等。这种从微观、局部的角度思考问题，解决的至多也是微观、局部的问题，现在把着眼点转向体系建设意味着我们对问题的认识得到了进一步的深化和提升。现代化经济体系的内涵是：与社会主义市场经济的发展要求相适应，使市场在资源配置中起决定性作用，又更好发挥政府作用，着力构建市场机制有效、微观主体有活力、宏观调控有度的现代经济体系，不断增强我国经济创新力和竞争力。这一现代化经济体系具有如下特点：

（一）把经济发展纳入现代化经济体系的宏观框架，使改革和建设更具有整体性

党的十九大提出建设现代化经济体系是在整体思路上的转变。例如，深化供给侧结构性改革必须把发展经济的着力点放在实体经济上，把提高供给体系质量作为主攻方向。这就是当前全

局性、宏观上的问题，这关系到建设现代化经济体系的问题，也只有在建设现代化经济体系的条件下才能得到解决；又如，把解决好"三农"问题，坚持农业农村优先发展，建立健全城乡融合发展体制机制和政策体系，加快推进农业农村现代化，促进农村一二三产业融合发展，支持和鼓励农民就业创业，拓宽增收渠道等乡村发展的各个方面都作为建设现代化经济体系的内容。这就比对各个问题的分散论述更能够从整体上把握准确。乡村经济是国民经济的基础，是把中国人民的饭碗牢牢端在自己手中的基础工程，也是现代化经济体系要解决的重点问题。这里涉及的不仅仅是经济问题，还包括一系列的制度建设，如产权建设、农业经营制度建设、农村基层组织建设等基础工作，健全自治、法治、德治相结合的乡村治理体系建设、国家粮食安全建设、政治建设等内容。这些都是现代化经济体系建设所涵盖的内容，充分体现了现代化经济体系的整体性、系统性，是观念的改变、思考问题着眼点的改变和话语体系的改变。

（二）实施区域协调发展战略和推动形成全面开放新格局需要现代化经济体系的支撑

建设现代化经济体系是关系全局协调发展和全面开放新格局发展的大格局。无论是加快发展贫困地区，推进西部大开发形成新格局，深化改革加快东北老工业基地振兴，发挥优势推动中部地区崛起，创新引领率先实现东部地区优化发展，建立更加有效的区域协调发展新机制，还是以"一带一路"建设为重点，坚持"引进来"和"走出去"并重，加强创新能力开放合作，形成陆海内外联动、东西双向互济的开放格局；拓展对外贸易，培育贸易新业态新模式，推进贸易强国建设，实行高水平的贸易和投资自由化便利化政策，全面实行准入前国民待遇加负面清单管理制度，大幅度放宽市场准入，扩大服务业对外开放，保护外商投资合法权益；优化区域开放布局，赋予自由贸易试验区更大改革自主权，探索建设自由贸易港；创新对外投资方式，促进国际产能合作，加快培育国际经济合作和竞争新优势；等等。这些经济发展的宏观规划，同时也是现代化经济体系本身的构成内容。从经济发展的全局考虑，现代化经济体系是一项基础性的建设，这充分体现了现代化经济体系的全局性、综合性的特点。

(三) 把加快完善社会主义市场经济体制作为建设现代化经济体系的基本依据

完善社会主义市场经济体制和建设现代化经济体系是同向同行的整体工程。这一体系的建设更有利于完善产权制度和要素市场化配置的改革，实现产权有效激励、要素自由流动、价格反应灵活、竞争公平有序、企业优胜劣汰。推动国有资本做强、做优、做大，深化国有企业改革，发展混合所有制经济，建立统一市场和公平竞争的各种规定支持民营企业发展，加快要素价格市场化改革，放宽服务业准入限制，完善市场监管体制。创新和完善宏观调控，发挥国家发展规划的战略导向作用，完善促进消费的体制机制，发挥投资对优化供给结构的关键性作用；深化税收制度改革，健全地方税体系；深化金融体制改革，增强金融服务实体经济能力，提高直接融资比重，健全货币政策和宏观审慎政策双支柱调控框架，深化利率和汇率市场化改革；健全金融监管体系，守住不发生系统性金融风险的底线，这是从构建政府监管和防范风险的角度纳入现代化经济体系。现代化经济体系的建设既坚持使市场对资源配置发挥决定性作用，又使政府更好发挥作用，把市场和政府两方面的优势都发挥好是建设现代化经济体系要把握好的基本框架，以体现社会主义市场经济下现代化经济体系的特征。通过完善市场对资源配置起决定性作用，更好发挥政府作用的社会主义市场经济体制，把建设现代化经济体系中的市场、政府、微观、宏观各要素都融入现代化的经济体系之中。

三、构建微观有活力、宏观有序、市场有效、政府有度的运行机制的是建设现代化经济体系基本保障

市场对资源配置起决定性作用和更好发挥政府作用是社会主义市场经济体制运行的两大要素。中国特色社会主义市场经济是现代市场经济，它的运行要有具体的现代化经济体系来支撑，这一体系就是实现从体制到经济发展的中间环节。新时代我国社会主要矛盾的转化，经济发展新阶段特点的转变，都对现代化经济体系的建设提出了新的要求。为适应这样的新要求，党的十九大提出建设现代化经济体系。从经济发展的现实要求看，新常态下供给侧结构性改革作为我国经济发展的大逻辑，要求现代化经济体系做出适应性改革来符合经济发展的实际需要，以"三去一降一补"为重点，以市场化、法治化手段优化存量资源配置、减少无效和低端供给、淘汰僵尸企业、促进资源合理有效配置，扩大优质增量供给，推动产业发展迈向全球经济的中高端。建设现代化经济体系需要以加快建设创新型国家为战略支撑，抓住新一轮科技革命和产业革命的机遇，以经济建设和人民对美好生活的追求目标为落脚点，着力补齐现代化经济体系的短板，使创新引领发展在现代化经济体系的建设中得到落实。

建设现代化经济体系是与提高现代化治理体系和治理能力相一致的，提高现代化治理能力是要通过建设现代化经济体系来

实现，我们要从这一高度来理解和认识建设现代化经济体系的创新性，更好地把握十九大提出这一概念的内涵。现代化经济体系的建设改变了原来对经济改革的部门性分别论述，而是把经济发展纳入现代化经济体系的宏观框架，使改革更具有整体性。这是对改革的深化认识，更好体现了新理念的引领，理念创新是关键，以建设现代化经济体系为目标，不断增强我国经济创新力和竞争力。这是从实践层次上提出的创新举措，体现了十九大提出这一新概念的实践性创新意义。建设现代化经济体系是我们党在中国特色社会主义进入新时代提出的理论和实践的共同目标。从理论上说，中国特色社会主义市场经济理论已经提出二十多年，并在实践中不断丰富和完善，特别是关于使市场在资源配置中起决定性作用和更好发挥政府作用的论述，为建设现代化经济体系奠定了理论基础和基本方向。从实践上讲，我国发展社会主义市场经济也有二十多年的经验积累，建立社会主义市场经济体制也有十几年的时间，并在发展中不断完善。现在，我们进入到建设现代化经济体系的阶段，在已有实践的基础上坚定不移走社会主义市场经济发展道路是实现社会主义现代化、创造人民美好生活的必由之路。

中国特色社会主义理论体系是指导党和人民实现中华民族伟大复兴的正确理论，中国特色社会主义制度是当代中国发展进步的根本制度保障，这是我们的理论基础、实践基础，也是重要的信心之一，中国共产党的领导为建设现代化经济体系提供了坚强的政治保证。党的十八大以来，在以习近平同志为核心的党中央坚强领导下，我国经济社会发展的伟大成就构成了新时代建设现代化经济体系的理论逻辑和实践逻辑，也为下阶段建设现代化经济体系奠定了重要的基础。

总之，我们要把握经济改革的整体性，运用涉及理念、政策、措施、宏观、微观、部门、开放的大思路，而不是局部的、分散的、碎片化的思路来考虑问题，实现思考角度的转换。要牢牢把握新常态经济发展的大逻辑，抓住供给侧结构性改革这一主线，通过建设现代化经济体系全面提升经济发展的现代化层次，为解放和发展社会生产力努力实现更高质量、更有效率、更加公平、更可持续的经济发展。

参考文献

[1] 赵彤. 宏观经济学 [M]. 南京：东南大学出版社, 2014.

[2] 张银杰. 宏观经济理论与实践新论 [M]. 2版. 北京：企业管理出版社, 2014.

[3] 习近平. 习近平谈治国理政 [M]. 北京：外文出版社, 2014.

[4] 魏金明. 系统性金融风险的测度及影响因素研究 [J]. 商业研究, 2016(2)：73-80.

[5] 沈悦, 亓莉. 中国商业银行系统性风险预警指标体系及监测分析 [J]. 西南大学学报（社会科学版）, 2008(4)：139-143.

[6] 陈守东, 王妍. 金融压力指数与工业一致合成指数的动态关联研究 [J]. 财经问题研究, 2011(10)：41-46.

[7] 鞠蕾, 高越青, 王立国. 供给侧视角下的产能过剩治理：要素市场扭曲与产能过剩 [J]. 宏观经济研究, 2016(5)：3-15.

[8] 罗良文, 梁圣蓉. 论新常态下中国供给侧结构性动力机制的优化 [J]. 新疆师范大学学报, 2016(2)：28-36.

[9] 冯志峰. 供给侧结构性改革的理论逻辑与实践路径 [J]. 经济问题, 2016(2)：12—17.

[10] 楚明钦. 产业发展、要素投入与我国供给侧改革 [J]. 求实, 2016(6)：33-39.

[11] 王金龙. 宏观调控要关注财政风险与金融风险的相关性 [J]. 财经研究, 2005(10)：43-45.

[12] 耿欣.金融风险处置中财政与央行职能协调配合问题研究[J].山东社会科学,2013(9):133-137.

[13] 李真."中国式影子银行"体系、风险与法律监管路径[J].云南大学学报(法学版),2014(1):97-104.

[14] 赵哲,诸霄.系统性金融风险的生成机理及其监管[J].石家庄铁道大学学报(社会科学版),2013(4):20-23.

[15] 陈守东,王寅,王婷.系统性金融风险及其防范对策研究[J].社会科学,2013(12):226-228.

[16] 张晓朴.系统性金融风险研究:演进、成因与监管[J].国际金融研究,2010(7):58-67.

[17] 郭平,李恒.当前金融风险与财政赤字货币化的共生性分析[J].当代财经,2005(9):48-57.

[18] 财政部财政科学研究所课题组.防范宏观金融风险的财政对策[J].经济研究参考,2006(27):2-31.

[19] 关崇明,蒙泽群,唐宏飞.构建宏观审慎管理框架防范系统性金融风险[J].金融监管,2012(11):49-52.

[20] 张泉泉.系统性金融风险的诱因和防范:金融与财政联动视角[J].改革,2014(10):74-83.

[21] 张文凯,彭涛.供给侧结构性改革背景下防范系统性金融风险研究[J].金融理论与教学,2017(1):19-24.

[22] 尚晓,庞小红,白文梅,等.供给侧结构性改革背景下系统性金融风险防范问题研究[J].征信,2017(5):78-82.

[23] 韩心灵,韩保江.供给侧结构性改革下系统性金融风险:生成逻辑、风险测度与防控对策[J].财经科学,2017(6):1-13.

[24] 罗贤忠.论宏观调控中的系统性金融风险与防范[J].金融与经济,2007(12):86-87.

[25] 梁永礼,李孟刚.新常态下系统性金融风险度量与防范研究[J].西南民族大学学报(人文社科版),2017(8):125-134.

[26] 徐鹏程.隐性金融风险化解对策[J].中国发展观察,2017(4):24-25.

[27] 舒长江.基于宏观效应的金融脆弱性：理论与实证[D].南昌：江西财经大学,2017.

[28] 赖娟.我国金融系统性风险及其防范研究[D].南昌：江西财经大学,2011.

[29] 苏明政.我国系统性金融风险的测度、传染与防范研究[D].大连：东北财经大学,2014.

[30] 习近平.决胜全面建成小康社会夺取新时代中国特色社会主义伟大胜利——在中国共产党第十九次全国代表大会上的报告[N].人民日报,2017-10-28.